本书获得内蒙古大学高层次人才引进科研项目（100

经济管理学术文库·经济类

高速铁路对
中国经济高质量发展的影响研究

Study on the Impact of China's High Speed
Railway on High-quality Economic Development

张雪薇／著

经济管理出版社
ECONOMY & MANAGEMENT PUBLISHING HOUSE

图书在版编目（CIP）数据

高速铁路对中国经济高质量发展的影响研究／张雪薇著. —北京：经济管理出版社，2023.6

ISBN 978-7-5096-9109-0

Ⅰ.①高…　Ⅱ.①张…　Ⅲ.①高速铁路—影响—中国—经济—经济发展—研究　Ⅳ.①F124

中国国家版本馆 CIP 数据核字（2023）第 119181 号

组稿编辑：杨　雪
责任编辑：杨　雪
助理编辑：王　蕾
责任印制：黄章平
责任校对：张晓燕

出版发行：经济管理出版社
　　　　　（北京市海淀区北蜂窝 8 号中雅大厦 A 座 11 层　100038）
网　　　址：www. E-mp. com. cn
电　　　话：（010）51915602
印　　　刷：北京晨旭印刷厂
经　　　销：新华书店
开　　　本：710mm×1000mm /16
印　　　张：11
字　　　数：204 千字
版　　　次：2023 年 7 月第 1 版　　2023 年 7 月第 1 次印刷
书　　　号：ISBN 978-7-5096-9109-0
定　　　价：68.00 元

前　言

党的十九大报告作出了"中国特色社会主义进入了新时代"的重大判断，提出"我国经济已由高速增长阶段转向高质量发展阶段"，"必须坚持质量第一、效益优先，以供给侧结构性改革为主线，推动经济发展质量变革、效率变革、动力变革，提高全要素生产率"。进入新时代意味着我们必须扬弃过去数量型的经济发展模式，探索经济高质量发展道路。高速铁路作为国家重要的交通基础设施和国民经济"大动脉"，是区域内和区域间经济关系的纽带。高速铁路开通打破了城市间经济联系的地理空间限制，产生了"要素重组效应""区位强化效应"和"知识溢出效应"，对社会经济格局产生了重大影响。那么，高速铁路能否推动经济高质量发展？高速铁路如何影响经济高质量发展？在高速铁路影响下经济高质量发展能否产生空间溢出效应？鉴于此，本书以高速铁路对经济高质量发展的影响为逻辑主线，构建了经济高质量发展指标体系，对高速铁路影响经济高质量发展进行了实证检验。主要研究内容和结论归纳如下：

第一，系统梳理了相关理论和现有文献，对高速铁路和经济高质量发展进行了概况分析，界定了高速铁路和经济高质量发展的概念，揭示了世界高速铁路、中国高速铁路和经济高质量发展的发展历程。在此基础上，基于新经济地理理论，构建了包含高速铁路变量的经济增长模型，分析高速铁路对经济增长的影响及其空间溢出效应。尝试从要素丰裕程度、服务业结构变迁和技术创新驱动三个视角研究高速铁路开通影响经济高质量发展的传导机制。

第二，基于新时代创新、协调、绿色、开放、共享的新发展理念，构建了经济高质量发展水平测度体系，采用国际最新 Färe-Primont 指数测算了 2005~2018 年中国 286 个地级及以上城市的全要素生产率以表征经济高质量发展指标，作为中国经济高质量发展的最新成果。从不同地区、不同规模城市和代表性城市来分析经济高质量发展的时序演变。结果表明，中国经济高质量发展水平呈现波动上升趋势，历年来东部地区的经济高质量发展水平均高于中部地区和西部地区，大城市经济高质量发展水平高于中等城市和小城市。

第三，运用双重差分模型实证检验高速铁路对经济高质量发展的影响，以及高速铁路开通对不同地理区位、不同规模城市和不同类型城市经济高质量发展的

1

异质性影响。结果表明：从整体上来看，高速铁路开通显著推动了经济高质量发展；从地区异质性来看，高速铁路开通对东部地区经济高质量发展的影响大于中部和西部地区；从城市规模来看，大城市的经济高质量发展受高速铁路开通的影响更大；从城市类型来看，高速铁路开通对中心城市的经济影响程度大于非中心城市，对沿海城市的经济影响程度大于内陆城市。

第四，建立中介效应模型实证检验高速铁路影响经济高质量发展的三个传导机制。具体而言，其一，高速铁路通过优化资本要素、劳动力要素配置，使要素丰裕程度在高速铁路影响经济高质量发展的过程中被进一步增强；其二，高速铁路通过影响高端服务业结构变迁，更容易促使服务业内部结构升级，从而助推经济高质量发展；其三，高速铁路增强了知识和技术的空间溢出效应，提升了发明专利授权数和实用外观授权数的产出，提高城市自主创新能力，促进经济高质量发展。

第五，利用空间杜宾模型研究在高速铁路影响下的经济高质量发展空间溢出效应。运用探索性空间分析（ESDA）测算了中国经济高质量发展分别与要素丰裕程度、服务业结构变迁和技术创新驱动的空间相关性，从空间视角考察了要素丰裕程度、服务业结构变迁和技术创新驱动对经济高质量发展的影响。结果表明，在高速铁路背景下经济高质量发展存在显著的空间溢出效应，要素丰裕程度和服务业结构变迁的直接效应、间接效应和总效应均十分显著，技术创新驱动的直接效应显著。由于高速铁路产生了"时空压缩效应"，使要素丰裕程度、服务业结构变迁和技术创新驱动推动了中国经济高质量发展。

综上所述，本书认为高速铁路开通显著推动了经济高质量发展，并存在要素丰裕程度、服务业结构变迁和技术创新驱动三个传导机制，在高速铁路背景下经济高质量发展存在空间溢出效应。本书从理论和实践上厘清了中国高速铁路对经济高质量发展的影响，为高速铁路开通促进经济高质量发展的传导路径优选提供了理论建议，并且丰富和完善了现有学术研究，从而为国家制定政策建议提供指导依据和科学依据。据此，本书从三个层面提出相应的政策建议：第一，增强技术创新驱动能力，加大创新要素投入力度，提高科学研究能力，完善科技创新成果转化制度，在高速铁路背景下，各地区应构建合理的知识溢出机制；第二，推动现代化产业快速发展，围绕高速铁路城市培育特色优势产业，促进高附加值和高新技术产业发展；第三，借助高速铁路线路形成聚集点，凭借资源优势提高空间配置效率，加强区域合作，提升科技人才集聚，优化资本配置。

完稿之际，有许多感触，衷心感谢内蒙古大学经济管理学院的领导和老师们对本书的悉心指导和帮助。由于笔者知识水平有限，书中错误和纰漏之处在所难免，恳请指正。

目　录

第一章 绪 论

第一节 研究背景和研究意义

党的十九届五中全会提出，"十四五"时期经济社会发展要"以推动高质量发展为主题"，这是根据我国发展阶段、发展环境、发展条件变化作出的科学判断。2021 年 3 月 11 日，十三届全国人大四次会议表决通过了《中华人民共和国国民经济和社会发展第十四个五年规划和 2035 年远景目标纲要》，强调"建设现代化综合交通运输体系"，"构建快速网，基本贯通'八纵八横'高速铁路"，加快建设交通强国。高速铁路作为国家重要的基础设施和国民经济"大动脉"，对中国经济建设和社会发展产生了重大影响，并发挥了巨大的推动作用。中国高速铁路的发展经历了发展规模由小到大、辐射范围由窄到宽、技术创新从无到有。在高速铁路发展的推动下，中国经济社会发展面临着新一轮重塑经济地理的崭新局面。因此，探究高速铁路开通能否助推经济实现高质量发展具有非常重要的理论意义和现实意义。

一、研究背景

改革开放四十年，中国经济发展取得了令世界瞩目的成就，并且创造了世界经济发展历史上的奇迹，在改革开放后中国经济保持了较长时间的高速增长。1998 年以后，我国通过积极的财政政策促进经济增长，特别加大了交通基础设施的投资，这一举措扩大了国内需求，在经济发展中发挥着至关重要的作用。2008 年，全球金融危机肆虐，中央政府出台了西部大开发政策、中部崛起政策、东北老工业基地振兴政策等一系列政策，并进行了 4 万亿元投资计划，其中交通基础设施建设是重点领域。全球金融危机之后，中国经济发展由以外贸、外商直接投资为主转向以内需、结构转型、产业升级和创新为重点，加大了对高速铁路的投资，实现区域均衡发展。然而，2012 年以后，中国经济增长速度有所放缓，国内外许多学者开始对中国能否保持高速发展持怀疑态度，这是因为近几年伴随经济增长产生的经济结构与经济水平不匹配、社会收入两极化、环境污染等问题限制了经济持续增长，而且还面临国内外风险挑战明显增多的复杂局面。

党的十八大以来，以习近平同志为核心的党中央统筹推进"五位一体"总体布局，协调推进"四个全面"战略布局，推进实施"一带一路"倡议等，适应、把握、引领经济发展新常态，坚定不移地贯彻新发展理念，深入推进供给侧结构性改革，经济建设取得了稳定健康发展，高速铁路等基础设施建设快速推进。党的十九大报告指出"中国特色社会主义进入了新时代"，我国经济已由高速增长阶段转向高质量发展阶段，更加依赖于经济增长的质量和效率，政府不再仅仅关注国内生产总值、国民收入等经济增长数量指标，而是逐渐转向关注经济发展质量[1,2]。在经济发展新时代背景下，质量和效益替代 GDP 规模和增速已成为经济发展的首要问题和优先目标[3]。转变经济发展方式，加快新旧动能转换，实现经济高质量发展是当前和今后发展的主旋律。经济高质量发展既是新阶段经济发展的客观要求，也是新时代新旧动能转换、解决社会主要矛盾的必然举措，更要立足于经济结构优化、配置效率提升、福利分配改善、环境污染降低等方面，实现以经济为先导，社会、政治和生态为补充的多维度发展，具有十分鲜明的时代特征[4]。在交通基础设施建设方面要完善铁路等基础设施网络建设，为高速铁路建设指明方向，并推进交通强国建设。

2008 年，京津城际高速铁路的开通标志着中国正式进入高速铁路时代，这条高速铁路实现了京津两地之间 30 分钟通达。2008 年底，我国铁路营业里程为7.9 万千米，其中高速铁路运营里程为 672 千米①。为了推动我国高速铁路建设，国家加大了对高速铁路的投资力度，并且在财政方面给予了充分的支持。2017年，中国铁路固定资产投资完成 8010 亿元，截至 2017 年底，中国铁路营业里程达到 12.7 万千米，其中高速铁路营业里程达到 2.5 万千米②，2017 年石济高速铁路的正式开通标志着"四纵四横"高速铁路网络已经形成。2018 年，中国铁路固定资产投资完成 8028 亿元，截至 2018 年底，中国铁路营业里程达到 13.1万千米，其中高速铁路营业里程达到 2.9 万千米以上③。2019 年，中国铁路固定

---

① 资料来源：中国发展门户网，http：//cn.chinagate.cn/reports/2010-03/04/content_19524294_2.htm.
② 资料来源：中华人民共和国中央人民政府，http：//www.gov.cn/xinwen/2018-03/30/content_5278569.htm.
③ 资料来源：中华人民共和国交通运输部，https：//www.mot.gov.cn/tongjishuju/tielu/201905/P020200709615455411424.pdf.

资产投资完成 8029 亿元，截至 2019 年底，中国铁路营业里程达到 13.9 万千米，其中高速铁路营业里程达到 3.5 万千米[①]。2020 年，中国铁路固定资产投资完成 7819 亿元，截至 2020 年底，中国铁路营业里程达到 14.6 万千米，其中高速铁路营业里程达到 3.8 万千米[②]，稳居世界第一位。图 1-1 为中国铁路和高速铁路营业里程的变化趋势。

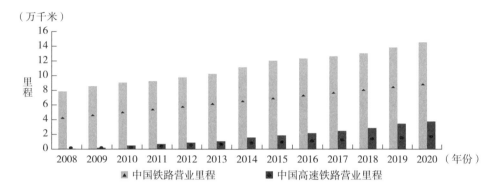

图 1-1 2008~2020 年中国铁路和高速铁路营业里程变化趋势

资料来源：笔者根据国家铁路局、国家统计局和中国政府网公布的数据整理。

2008~2019 年，高速铁路营业里程、客运总量以及客运周转量分别增长了近 53 倍、322 倍和 497 倍[③]，在高速铁路开通初期呈现着大幅度的增长。从图 1-2 可以看出 2010~2019 年中国高速铁路的营业里程增长率、客运量增长率和客运周转量增长率的变化趋势。在巨额投资的保障下，中国铁路网规模和质量显著提升，"八纵八横"的高速铁路网络加密成型。国家对高速铁路研发的投入和建设的规划带来了举世瞩目的成绩，中国已成为世界上高速铁路运营里程最长、在建规模最大、运输密度最高、运行速度最快、成网运营场景最复杂的国家，短短几年时间我国已实现从高速铁路的追赶者到领跑者的跨越式发展，走过了发达国家近半个世纪的历程。中国高速铁路的快速发展对中国经济格局和运行方式产生了深远的影响。

---

① 资料来源：中华人民共和国中央人民政府，http：//www. gov. cn/xinwen/2020 – 04 – 30/content_5507768. htm.

② 资料来源：中华人民共和国中央人民政府，http：//www. gov. cn/xinwen/2021 – 05 – 19/content_5608523. htm.

③ 笔者根据《中国统计年鉴（2020）》公布的数据整理。

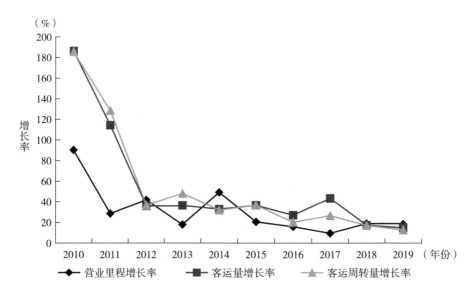

图 1-2　2010~2019 年中国高速铁路营业里程、客运量、客运周转量增长率变化趋势

资料来源：笔者根据《中国统计年鉴（2020）》公布的数据整理。

　　高速铁路作为国家直接投资建设的重大战略性基础设施，其对国家宏观经济发展的影响是十分显著的。习近平总书记曾指出："高铁动车体现了中国装备制造业水平，在'走出去''一带一路'建设方面也是'抢手货'，是一张亮丽的名片。"① 李克强在国内外重要场合也曾化身"超级推销员"向世界展示代表中国装备技术综合实力的高速铁路，目前中国高速铁路已成为世界谈论的热点话题。完善的高速交通客运体系是经济发展的支撑性因素，为区域经济发展布局的最终形成奠定了物质技术基础和动力支撑系统，在时间与空间两个维度上高速铁路对区域经济发展影响以及对社会经济生活的直接与间接影响均不同于其他运输方式。以高速铁路为核心的交通运输业，打破了地理、物理、空间隔断，成为实现社会化大生产所需要的生产要素自由流通最基础、最基本的手段和途径。高速铁路网络的形成可以大大缩短各区域间的时空距离，促进区域间要素的快速流动，将沿线城市转化为经济"节点"，并带动相关产业由经济发达地区向欠发达地区的转移，发挥中心城市对周边城市的辐射带动作用，强化相邻城市的"同城效应"，从而对经济高质量发展产生一定的影响。

---

　　①　2015 年 7 月 17 日习近平总书记在考察中国中车长春轨道客车股份有限公司时的讲话。

二、研究意义

随着高速铁路大规模的发展，关于高速铁路开通对经济增长影响的研究已经相对比较丰富，经济高质量发展是党的十九大首次提出的新表述，目前关于"经济高质量发展"的研究成果还处于起步阶段，如何测度"经济高质量发展指标"仍是较为薄弱的环节，关于高速铁路对经济高质量发展的影响及传导机制的研究相对缺乏，而且关于高速铁路影响下的经济高质量发展空间溢出效应的研究也并不充分，因此，加强对这些问题的研究具有一定的理论意义和现实意义。

（一）理论意义

一是在研究理论方面。高速铁路改变了空间经济布局，打破了地区之间的地理界限，对区域的社会经济格局和产业空间布局产生了重要的影响。现有文献主要研究高速铁路开通对经济增长、产业升级、创新发展、劳动生产率和环境污染等方面的影响，而缺乏关注高速铁路开通对经济高质量发展的影响以及传导机制。本书通过双重差分方法检验了高速铁路对经济高质量发展的影响；通过构建中介模型验证了高速铁路的开通对经济高质量发展影响的传导机制，结果表明要素丰裕程度、高端服务业结构变迁和技术创新驱动起到了积极的中介作用；同时，为高速铁路开通促进经济高质量发展的传导路径优选提供了理论建议，并且丰富和完善了现有的学术研究。

二是在研究方法方面。近来学者们聚焦于构建指标体系来测度经济高质量发展水平，一些文献采用等权重赋值法来确定各个基础指标所占权重，这会导致测量结果有较强的主观性。目前相关文献构建经济高质量发展指标体系缺乏顶层设计，无法体现经济高质量发展的内在要求，在一定程度上降低了测量结果的科学性和准确性。在经济发展新时代的背景下，本书深入分析了经济高质量发展的历程，根据其内涵和特征构建了经济高质量发展评价指标体系，并运用 Färe-primont 指数测算了 286 个地级及以上城市的经济高质量发展指数，为经济高质量发展提供了启示和借鉴。

三是在研究视角方面。高速铁路的开通产生了"时空压缩效应"，会导致要素丰裕程度、服务业结构变迁和技术创新驱动对经济高质量发展产生一定的空间溢出效应，因此本书以高速铁路旅行时间的倒数、普通铁路旅行时间的倒数以及 0-1 相邻建立空间权重矩阵，并构建空间计量模型来分析时空压缩背景下中介变量对经济高质量发展的空间溢出效应，深化对高速铁路的空间溢出效应的理解，并提供了一定的学术贡献。

（二）现实意义

本书的研究问题是：高速铁路能否促进经济高质量发展？高速铁路如何影响经济高质量发展？在高速铁路影响下经济高质量发展是否存在空间溢出效应？本书将尝试回答上述几个问题，并以要素丰裕程度、服务业结构变迁和技术创新驱动为视角，分析高速铁路开通对经济高质量发展的影响及其传导机制，并探究高速铁路影响下的经济高质量发展空间溢出效应，这对于客观评价高速铁路的经济社会效应具有重要的现实意义。

中国经济发展正式步入新常态，根据国内外复杂的形势，习近平总书记围绕推动经济高质量发展提出了一系列新思想、新观点、新论断，经济高质量发展是中国经济进一步转型和可持续发展的必然要求，是当前中国经济发展的着眼点和落脚点。因此，研究经济高质量发展将变得尤为重要，由于我国经济发展进入了更加注重质量与效益的新阶段，实现经济高质量发展成为中国新时代经济发展的迫切需要，但是由于现有研究成果相对缺乏，对这一问题的系统探讨相对较少，还没有形成高质量和系统性的经济高质量指标体系。深入研究中国经济高质量发展问题是重大的时代课题，对推进经济高质量发展具有重大的政策意义。

随着我国经济的发展，国家极为重视高速铁路建设，高速铁路建设对社会经济格局和产业空间布局产生了重要的影响，它不仅会压缩城市之间的空间距离，还会直接影响当地的经济增长水平，引起生产要素在地区之间的快速转移，甚至会引起产业在空间上的重新布局，并通过强化空间溢出效应促进经济活动空间格局的调整和优化。高速铁路发展为经济发展创造了良好的环境，这有利于政府制定相关的经济产业政策以发挥高速铁路对经济高质量发展的推动作用，并提供相对应的政策建议，因此系统地考察高速铁路对经济高质量发展的影响具有重要的现实意义，有利于深入理解和评价高速铁路产生的作用。

本书深入探讨了我国高速铁路发展如何影响经济高质量发展及其传导机制，高铁经济作为一种通道经济，打破了空间壁垒，带动了经济落后地区的开发投资，推动了交通经济带的形成和高铁新城的崛起，是欠发达地区的主要经济发展战略之一。因此，考察高速铁路开通推动经济高质量发展的传导路径可以为国家制定政策提供指导依据和科学依据。围绕高速铁路城市培育特色产业、发展高附加值服务类行业和推进高新技术产业均衡发展是国家推动经济高质量发展的重要举措。总而言之，厘清中国高速铁路对经济高质量发展的影响及其传导机制具有一定的现实意义。

第二节 研究思路和研究内容

一、研究思路

本书以"提出问题、分析问题、实证研究、解决问题"作为总体思路，探究高速铁路开通影响经济高质量发展的传导机制，以及高速铁路影响下经济高质量发展的空间溢出效应。通过对相关理论和已有文献的梳理和评述，发现国内外学者对于高速铁路的相关研究主要集中在以下几个方面：①高速铁路开通对经济增长的影响；②高速铁路开通对产业升级的影响；③高速铁路开通对知识溢出的影响；④高速铁路开通对企业生产率的影响。但是，高速铁路与经济高质量发展的实证研究相对较少，并且已有文献关于经济高质量发展的测度更侧重省级层面指标，而关注地级市经济高质量发展指标测度的文献相对较少，关于高速铁路开通对经济高质量发展的传导机制的文献则更少。因此，本书围绕高速铁路开通影响经济高质量发展的传导机制和空间溢出效应进行理论分析和实证研究，在具体分析中，本书从提出问题、分析问题、实证研究和解决问题这一思路展开。

（1）提出问题。中国经济一直保持高速增长，但是近年来中国经济增速有所放缓，当前更是面临国内外风险挑战明显增多的复杂局面，因此加快高速铁路网络建设和推动经济高质量发展显得尤为重要。本书基于研究背景和研究意义进一步提出了以下四类问题：

问题1：如何构建经济高质量发展指标体系？如何测度经济高质量发展指标？中国经济高质量发展指标呈现怎样的特征？从不同地区、不同规模、不同类型城市来看，经济高质量发展指标有何差异？

问题2：高速铁路开通是否促进了经济高质量发展？在不同地区之间高速铁路开通对经济高质量发展有何影响？在不同规模城市之间有何影响？在代表性城市之间有何影响？

问题3：高速铁路开通影响经济高质量发展的过程中是否存在中介效应？其传导机制如何？

问题4：高速铁路产生了"时空压缩效应"，在高速铁路影响下的经济高质量发展是否产生了空间溢出效应？

（2）分析问题。本书通过回顾和梳理经济学理论、高速铁路和经济高质量发展的相关文献，从中发现研究空缺，找出拟解决的关键问题，通过简单的数理模型说明了高速铁路促进经济增长，在高速铁路影响下经济增长存在空间溢出效应，对高速铁路影响经济高质量发展的传导机制进行了理论分析，从而引出本书研究的重点。

（3）实证研究。本书首先构建了经济高质量发展指标体系，测度了经济高质量发展指标；其次运用双重差分模型对高速铁路影响经济高质量发展进行实证检验；再次构建中介效应模型来探究高速铁路开通影响经济高质量发展的传导机制；最后运用空间杜宾模型进一步分析了高速铁路影响下经济高质量发展的空间溢出效应。

（4）解决问题。本书通过对前文的研究结论进行总结，对高速铁路建设与经济高质量发展提出具体的政策建议，对未来的研究进行展望。

二、研究内容

第一章，绪论。本章首先阐述了研究背景和研究意义，由于研究高速铁路与经济高质量发展关系的文献相对缺乏，本书提炼出研究问题，并阐述了研究内容和研究方法，制定了技术路线，总结了创新之处和不足之处，为本书的深入研究打下了坚实的基础。

第二章，理论基础与文献综述。本章主要通过对资料的搜集、整理、提炼和归纳，重点回顾了相关的经济理论，并进一步从宏观、中观、微观视角梳理了关于高速铁路与经济问题的相关文献，同时梳理了关于经济高质量发展内涵、指标测度和实现途径的已有文献，并对理论基础和已有文献进行了简要评述。

第三章，高速铁路和经济高质量发展的概况分析。在进行后续的理论分析和实证检验之前，需要明确"高速铁路"和"经济高质量发展"的概念以及发展历程。本章基于现有文献，首先，界定了高速铁路的狭义和广义概念，介绍了世界高速铁路和中国高速铁路的发展历程，进一步详细地阐述了日本、法国、德国、中国等国家高速铁路发展的概况。其次，界定了经济高质量发展的概念，并且梳理了推动中国经济高质量发展的政策文件。

第四章，高速铁路影响经济高质量发展的理论分析。首先，本章通过数理模型分析了高速铁路对经济增长的影响，结果表明高速铁路促进经济增长，并且在高速铁路影响下经济增长存在空间溢出效应；其次，本章结合相关文献详细地阐述了高速铁路影响经济高质量发展的三个传导机制，包括要素丰裕程度、服务业结构变迁和技术创新驱动，为后续的实证检验提供理论依据。

第五章，经济高质量发展指标体系的构建与测度。首先，本章回顾了测度全要素生产率指标的方法，并选择了测度经济高质量发展指标的方法。其次，本章立足于新时代背景，在创新、协调、绿色、开放、共享的新发展理念引领下，构建了包括投入指标和产出指标的经济高质量发展水平测度体系，运用 Färe-Primont 指数测算了 2005~2018 年中国 286 个地级以上城市经济高质量发展水平，将其作为中国经济高质量发展的最新成果。最后，本章分析了不同地区、不同规模城市和代表性城市经济高质量发展的时序演变。

第六章，高速铁路影响经济高质量发展的实证检验。本章是对第四章的新经济地理理论下高速铁路影响经济增长的实证检验，利用 2005~2018 年全国 286 个地级及以上城市数据，运用 DID 方法实证检验了高速铁路开通对经济高质量发展的影响。首先，从整体上研究分析了高速铁路开通对经济高质量发展指标、技术效率、规模效率和剩余混合效率指标的影响；其次，鉴于我国地域辽阔且不同地区的经济发展呈现明显的空间梯度性，实证检验了高速铁路开通对不同地区、不同等级规模城市和不同类型城市经济高质量发展的异质性影响；最后，通过一系列稳健性检验，证明了高速铁路开通对经济高质量发展的影响是稳健的。

第七章，高速铁路影响经济高质量发展的传导机制。本章是对第四章高速铁路影响经济高质量发展的传导机制的实证检验。首先，根据第四章阐述的高速铁路开通影响经济高质量发展的传导机理，构建了高速铁路开通、中介变量对经济高质量发展影响的中介效应模型；其次，利用 2005~2018 年全国 286 个地级及以上城市数据，运用 DID 模型从实证角度检验了高速铁路影响经济高质量发展的传导机制，结果表明资本要素、劳动力要素、高端服务业结构变迁、发明专利授权数和实用外观授权数在高速铁路开通影响经济高质量发展的过程中存在中介效应；最后，运用平衡性检验和 PSM-DID 方法进一步验证了前文的研究结论，使研究结果更加稳健和精确。

第八章，高速铁路影响下的经济高质量发展空间溢出效应。本章是对第四章高速铁路产生"时空压缩效应"下经济增长存在空间溢出效应的实证检验。首先，本章从空间视角出发，构造了 286 个地级及以上城市高铁时间距离、普铁时间距离和 0-1 相邻三个空间权重矩阵，测算了中国经济高质量发展水平、要素丰裕程度、服务业结构变迁和技术创新驱动的 Moran's I 指数，并进行空间相关性检验。其次，构建空间杜宾模型分析了经济高质量发展的空间溢出效应，结果表明在高速铁路背景下经济高质量发展存在显著的空间溢出效应，通过空间溢出效应分解可知，要素丰裕程度和服务业结构变迁的直接效应、间接效应和总效应均十分显著，技术创新驱动的直接效应十分显著。

第九章，研究结论、政策建议与研究展望。首先，本章对前文的研究结论进行总结；其次，针对高速铁路建设与经济高质量发展提出具体的政策建议；最后，对未来的研究进行展望。

第三节　研究方法和研究框架

一、研究方法

本书的研究主题为高速铁路与经济高质量发展，围绕这一研究主题，本书采用理论分析与实证分析相结合、定性分析与定量分析相结合的分析方法，对相关问题展开深入探讨。本书采用的主要研究方法具体阐述如下：

（1）Färe-Primont 指数法。传统测度全要素生产率的方法主要为随机前沿分析（SFA）和数据包络分析（DEA），本书采用国际上最新发展起来的 Färe-Primont 指数测度全要素生产率来表征中国经济高质量发展。本书立足新时代背景，在创新、协调、绿色、开放、共享的新发展理念引领下，探讨经济高质量发展的理论内涵、指标体系和测度方法。本书构建了包括投入指标和产出指标的经济高质量发展水平测度体系，投入指标包括劳动力投入、资本投入和政府支出三个三级指标，产出指标包括创新发展、协调发展、绿色发展、开放发展和共享发展五个二级指标（即 13 个三级指标），测算了 2005 ~ 2018 年我国 286 个地级以上城市经济高质量发展指标，作为中国经济高质量发展水平的最新成果。

（2）双重差分模型。传统计量方法"有无对比法"可以横向比较开通高速铁路的城市和未开通高速铁路的城市的经济发展的影响，但这种方法并不能证明高铁开通就是其重要因素；还有利用时间序列数据，纵向比较一个城市在开通高速铁路和未开通高速铁路时其经济发展的变化，这种方法的缺陷是无法比较高速铁路开通前后的差异，故也无法证明高速铁路开通对经济发展产生一定的影响。本书将高速铁路开通作为准自然实验，政策实施会作用其中一部分区域，而另外一些区域不受政策作用或作用不明显，这项政策实验即外生事件被称为自然试验。为了检验高速铁路开通对经济高质量发展的影响，本书将样本分为开通高速铁路的城市和未开通高速铁路的城市，在该方法中受政策影响的城市作为处理组，不受政策影响的城市作为控制组，构建双重差分模型（DID）检验高速铁路开通对经济高质量发展的影响。

（3）中介效应模型。中介效应模型在心理学和其他社科研究领域得到了广泛的应用，该模型能够有效地分析解释变量影响被解释变量的过程和作用机制，相比单纯分析解释变量影响的同类研究，中介效应模型往往能得到更多更深入的结果。本书建立中介效应模型实证检验高速铁路影响经济高质量发展的过程中是否存在中介效应，构建中介效应模型共包括三个步骤：第一步检验高速铁路开通对经济高质量发展的影响；第二步分别检验高速铁路开通对要素丰裕程度、服务业结构升级和技术创新驱动的影响来证明中介变量效应的存在；第三步同时加入了高速铁路开通和中介变量以检验作用机制的有效性。

（4）空间计量模型。空间计量模型现已成为当代经济学的主流技术方法，在国际上得到广泛应用，在方法上完美地解决了新经济地理学中的空间问题。由于高速铁路开通具有显著的外部性和网络性，考虑地理单元之间的空间依赖关系以及空间溢出效应的影响是十分必要的。本书使用 Moran's I 指数进行空间相关性分析，研究了 2005~2018 年经济高质量发展是否具有空间相关关系，构造了高铁时间距离、普铁时间距离和 0-1 相邻三个空间权重矩阵，运用空间杜宾模型来分析考虑空间因素时经济高质量发展的空间溢出效应，进一步验证了在高速铁路影响下的经济高质量发展存在显著的空间溢出效应。

二、研究框架

本书在研究背景和研究意义的基础上，提炼出亟须解答的研究问题，通过回顾和梳理相关理论和已有文献，为后文分析高速铁路影响经济高质量发展提供一定的理论支撑。在分析问题的过程中，本书首先清晰地界定了高速铁路和经济高质量发展的概念，并揭示了高速铁路和经济高质量发展的相关历程；其次，通过数理模型说明高速铁路推动了经济发展，并且存在空间溢出效应；最后，详细地阐述了高速铁路影响经济高质量发展的传导机制。在实证研究中，本书首先测度了经济高质量发展指数；其次，实证检验了高速铁路对经济高质量发展的影响及其传导机制，并探究了高速铁路影响下的经济高质量发展空间溢出效应。在解决问题中，本书根据结论提出相关政策建议和研究展望。本书采用"提出问题—分析问题—实证研究—解决问题"的思路作为研究技术路线，如图 1-3 所示。

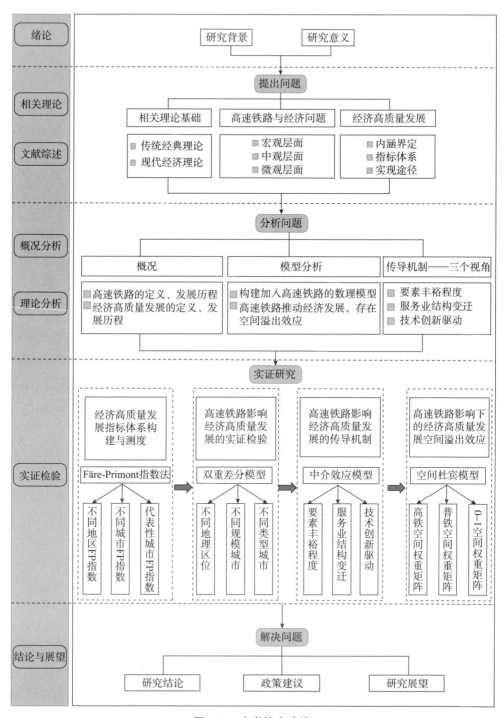

图1-3　本书技术路线

第四节　创新要点

第一，本书采用国际上最新发展的 Färe-Primont 指数法测度经济高质量发展指标，其投入指标从劳动力投入、资本投入和政府投资三个方面进行衡量，产出指标从创新发展、协调发展、绿色发展、开放发展和共享发展五个方面进行衡量。如果采取单一指标来表征经济高质量发展或者单纯以资本和劳动力为投入指标、以人均 GDP 为产出指标计算得出的全要素生产率表示经济高质量发展，将存在片面性和局限性，难以反映经济高质量发展的内涵。从检索文献来看，目前国内应用 Färe-Primont 指数法进行分析的相关文献还较少，本书利用该指数法直接测度中国 286 个地级及以上城市的经济高质量发展水平值。关于经济高质量发展的理论和现实研究并不是十分丰富，因此这是本书选题的创新之处。

第二，本书阐述了高速铁路对经济高质量发展的影响及其传导机制。从要素丰裕程度、服务业结构变迁和技术创新驱动三个视角深入探究了高速铁路影响经济高质量发展的传导机制，实证检验了高速铁路通过要素流动、服务业结构变迁以及技术创新驱动推动了经济高质量发展，现有研究中并没有考虑三个中介效应，而更多的只研究一个中介效应。本书从理论层面勾勒出高速铁路影响经济高质量发展的传导机制，明晰要素丰裕程度、服务业结构变迁和技术创新驱动的中介作用。由于不同地区的资源禀赋存在着很大的差异，不同层级城市的经济发展程度不同，本书探讨了高速铁路开通对经济高质量发展的差异化影响，并且将样本城市分为东中西部地区、大中小城市以及沿海城市与内陆城市、中心城市与非中心城市进行实证分析。

第三，国内学者对空间经济学的研究已经十分丰富，但是目前国内基于空间经济学研究高速铁路影响下的经济高质量发展空间溢出效应相对较少，这可能受到了数据获取难易的影响。本书构造了 286 个地级及以上城市的高铁时间距离空间权重矩阵、普铁时间距离空间权重矩阵和 0-1 相邻空间权重矩阵，空间权重矩阵是由 286×286 个数组成的，维度相对较高，构建高铁时间距离空间权重矩阵没有直接可以使用的数据，笔者通过 12306 手工查询城市之间最短的高铁旅行时间，通过构建空间计量模型更细致、更严格地评估了"时空压缩"背景下要素丰裕程度、服务业结构变迁和技术创新驱动对经济高质量发展的空间溢出效应。

第二章 理论基础与文献综述

首先，本章梳理了相关的理论基础，包括传统经典理论和现代经济理论，为后文分析高速铁路开通对经济高质量发展的影响提供了一定的理论支撑；其次，本章分别归纳总结了高速铁路与经济高质量发展的研究成果和相关文献，从宏观、中观、微观角度梳理了关于高速铁路与经济问题的相关文献，进一步对经济高质量发展的内涵、指标测度和实现途径进行文献综述，为后续研究奠定了夯实的理论基础。

第一节 理论基础

一直以来，交通基础设施与区域经济发展之间的关系是经济研究者们重点关注的问题。为了深入探究高速铁路对区域经济发展的影响，本节对古典经济理论、古典区位理论、新古典经济增长理论、新经济增长理论、新经济地理理论进行总结和归纳。

一、传统经典理论

（一）古典经济理论

亚当·斯密（Adam Smith）在《国富论——国家财富的性质和起因的研究》中论述了交通运输发展对经济发展的影响，他认为交通运输对一国的经济发展具有重要的作用[5]。由于陆上交通运输条件相对较差，水运成为地区之间经济往来的主要运输方式，随着水运的发展，地区之间经济活动的范围和内容不断延伸，并逐渐产生了社会分工、产业结构的分化与升级。随着经济的快速发展，交通基础设施的建设创造了巨大的经济效益和社会效益，并且交通基础设施建设投资与一个国家的经济发展水平相适应，对任何一个国家而言，在社会发展的不同阶段，交通基础设施建设投资并不相同。

托马斯·罗伯特·马尔萨斯（Thomas Robert Malthus）在其著作《人口原理》中强调了人口增长对经济增长的重要性。他认为人口数量会随着产出的增多而不断提升，人们对于土地的需要以及土地产出的需求也将与日俱增，并且提出了"人口陷阱"理论。当土地被基本耗尽时,为得到持续的产品供给,土地的改良将会发生,而由于土地边际收益递减效应的存在,虽然土地的开发不断,但是土地产出的增加量却在不断减少,人口增长和产出增长的差异性出现,前者的增速超过后者的局面可能会经常出现。

大卫·李嘉图(David Ricardo)在其著作《政治经济学及赋税原理》中强调劳动数量增加以及资本积累的重要性,他分析了工资、利润和土地的关系,考察了各要素的变动规则,对影响要素分配的变量进行研究,从而提出土地的产出是有限的。由于收益递减的存在,经济增长并不是可持续性的。随着人口数量的不断增加,导致人们对土地产出有了更高的要求,当土地资源不断被利用时,且相关投入不断增多,而产量却不断减少,边际报酬递减的情形开始出现[6]。因此,土地边际收益递减会限制劳动数量和资本积累本应对经济增长起到的作用,使两者对经济增长创造的贡献度逐渐减小,所以经济增长是有限的。

(二)古典区位理论

区位论是以古典政治经济学为基础,最早由德国经济学家约翰·冯·杜能(Johann Heinrich von Thünen)提出,在其著作《孤立国同农业和国民经济的关系》中阐述了农业区位论,将运输成本作为影响农业区位选择的主要因素,该理论指出假定生产者寻求最大收益,那么生产作物的决策是由其所在地与市场间的距离决定的。运输费用相对高的作物应在离城镇较近的地方种植,而运输费用相对不高的作物应在较远的地方种植,以区域地租作为出发点研究农业圈层种植现象[7]。

阿尔弗雷德·韦伯(Alfred Weber)在其著作《工业区位论》中提出了著名的工业区位论,他提出了"区位因素"这一概念,将区位因素划分为一般性区位因素和特殊性区位因素,并且着重研究一般性区位因素中运输成本、劳动力成本以及聚集分散几种最重要的因素对工业区位的作用。在生产要素和市场给定的条件下,受生产运输成本最小化约束,交通基础设施的发展状况是决定工业分布的首要因素,除运输成本之外,还包括劳动力、集聚等其他因素影响企业对区位的选择[8]。

沃尔特·克里斯塔勒(Walter Christaller)在其著作《德国南部中心地原理》中开创了中心地理论,他认为在这个理想的平原上,有三个原则支配中心地体系的形成,分别是市场原则、交通原则和行政原则。在不同的原则支配下,中心地网络呈现不同的结构,而且中心地和服务范围大小的等级顺序有着严格的规定[9]。

奥古斯特·勒施(August Losch)在其著作《经济空间秩序——经济财货与

地理间的关系》中提出了市场区位论，在一系列假定条件下运用抽象和演绎方法探讨了企业区位的决定因素，他认为一个经济个体的区位选择不仅受其他相关经济个体的影响，还会受消费者、供给者的影响，并将利润最大化原则与消费者对产品的需求相结合，确定合理区位是由产品的需求量所决定的。市场区位理论是把市场需求作为空间变量的一种区位理论，将空间均衡的思想引入区位分析，研究了市场规模和市场需求结构对区位选择和产业配置的影响[10]。

二、现代经济理论

经济增长是在一个特定时期内经济社会的人均产量或人均收入的持续增长，也是宏观经济学关注的重要课题。现代经济理论的发展经历了新古典经济增长理论、新经济增长理论和新经济地理理论三个发展阶段。

（一）新古典经济增长理论

新古典经济增长理论在一定程度上被认为是经济增长理论的开端，这一理论始于修正的哈罗德—多玛增长模型。20世纪三四十年代，英国经济学家罗伊·福布斯·哈罗德（Roy F. Harrod）和美国经济学家埃弗塞·多玛（Evsey D. Domar）根据凯恩斯创立的宏观经济理论建立了哈罗德—多玛增长模型，成为当代西方经济增长理论的先驱。利用这种理论可以分析经济长期稳定均衡增长的条件，并说明一个国家国民收入增长过程中储蓄、投资、要素投入量和经济产量等基本元素之间的因果关系。该模型表明国民收入增长率是一个既定不变的常数，它等于储蓄率与资本产出率之比，当劳动增长率与国民收入增长率相等时，就能够实现充分就业和经济长期稳定增长[11,12]。哈罗德—多玛增长模型过分强调了资本积累对经济增长影响的作用，忽视了技术进步在经济增长中的作用。

20世纪50年代，以罗伯特·索洛（Robert M. Solow）和特里沃·斯旺（Trevor W. Swan）为代表的新古典经济学家创建了索洛—斯旺经济增长模型。索洛在《对经济增长理论的贡献》（*A Contribution to the Theory of Economic Growth*）中提出了经济增长模型，斯旺也提出了类似的模型，他们提出的模型合称为索洛—斯旺经济增长模型，对哈罗德—多玛增长模型进行了修正，将劳动力要素、资本要素、技术因素纳入经济增长模型中，并认为经济增长不仅取决于劳动力和资本投入的增长速度，还取决于技术因素[13,14]，该模型强调了资本积累的作用，即长期资本积累将以经济的平衡增长路径为目标实现最终收敛。经济增长朝着稳态水平收敛，并实现动态均衡。从长期来看，技术进步是经济增长的唯一动力。新古典经济增长理论肯定了技术进步对经济增长的促进作用，实现了经济增长理论的第一次飞跃。该理论认为技术进步是外生于经济制度体系的，因而又被称为外生经济增长理论。

（二）新经济增长理论

新古典经济增长理论强调劳动和资本对经济增长的促进作用，从知识技术投入和人力资本投入的视角出发，运用不同的生产函数来阐述经济增长的内在机制。而且，新古典经济增长理论中索洛认为技术进步是外生的。假定规模报酬不变、边际收益递减，新古典经济增长理论无法解释经济增长的内在机制，也无法说明各个国家产生经济差距的原因，这与实际情况并不相符。因此，在新古典经济增长理论之后，学者们逐渐开始否定技术进步是外生的，并将技术进步作为内生变量引入生产模型中。20 世纪 80 年代中后期，美国经济学家保罗·罗默（Paul M. Romer）和罗伯特·卢卡斯（Robert E. Lucas Jr.）提出了新经济增长理论。新经济增长理论认为经济增长内在机制与市场垄断和规模报酬递增等因素相关，当产品市场和要素市场不再处于完全竞争时，随着资本存量的增加，其边际生产率不会递减至零，规模报酬递增能够保证经济实现可持续增长。

罗默建立了知识积累与产出水平的生产模型，该模型假定知识资本的边际收益递增，知识投资存在正的外部性以及新知识的边际收益递减，并将知识积累作为促进经济增长的内生变量，发现知识积累是经济增长的源泉，并认为知识溢出可以抵消知识资本边际报酬递减导致的产出减少[15]，因此知识溢出有助于推动经济可持续发展。卢卡斯建立了人力资本与产出水平的生产模型，假设人力资本具有正的外部性，生产函数呈现规模报酬递增，该模型表明人力资本将影响人均收入增长率，推动了经济长期增长[16]。罗默和卢卡斯将知识积累和人力资本内生化，并且开创了内生经济增长理论的先河，实现了经济增长理论的第二次飞跃。

罗默、格罗斯曼和赫尔普曼（Gene Grossman 和 Elhanan Helpman）、阿吉翁和豪伊特（Philippe Aghion 和 Petter Howitt）均假定模型为不完全竞争，认为新技术的不断研发和引入，在一定程度上推动了科技创新，并且保证了经济持续增长。与古典经济理论、新古典经济理论相比，新经济增长理论证明了知识积累、人力资本、创新对经济增长的影响，揭示了技术进步的内在机制。但是，新经济增长理论并没有考虑距离、运费、基础设施等因素，由此新经济地理理论应运而生。

（三）新经济地理理论

随着经济和社会的发展，经济地理理论应运而生。新古典经济理论和新经济增长理论中都考虑了知识积累、人力资本、创新等要素，但是却又都没有考虑空间属性。新经济地理理论是将运输成本纳入理论分析框架之中，运输成本的减少会引发企业在空间维度进行集聚并产生规模经济效应，该理论考虑了不完全竞争和规模经济，因此该理论不同于以往的传统经济理论。

20世纪90年代初，保罗·克鲁格曼（Paul Krugman）在《政治经济学杂志》上发表了《收益递增与经济地理》（*Increasing Returns and Economic Geography*），开创了新经济地理学，得到了学界的广泛关注，初步探讨了新经济地理理论。克鲁格曼主要研究"报酬递增规律"如何影响产业集聚，他认为规模报酬递增是产业在空间上不均衡分布所导致的。假设企业建立在边缘地区的小城市，匮乏的要素资源和较小的市场规模会造成企业发展受限，最终表现为"规模报酬递减"；假设企业建立在核心地区的大城市，更容易获得人力要素和资本要素，引入最新的生产方法和生产工艺，学习到更多的知识和丰富的管理经验，从而提升劳动生产率，促使收益不断增加，最终推动企业高质量发展，通过规模经济实现报酬递增[17]。

克鲁格曼构建了"中心—外围"经济模型来分析产业集聚和结构形成的原因。该模型假设中心地区是制造业区，其规模报酬是递增的，外围地区是农业区，其规模报酬不变。规模经济和运输成本决定了经济区位，最初两个地区的市场规模和要素资源完全相同，但是随着时间的推移，当运输成本处于比较低的水平时，制造业将向具有相对优势的地区集聚，劳动力同时会流入该地区，实现规模效应递增，并通过循环累计因果效应不断扩大市场规模，形成"中心地区"；当运输成本处于比较高的水平时，制造业和劳动力会选择向其他地区扩散，而导致原先具有优势的地区逐渐成为"外围地区"。可知经济区位是由运输成本的高低和规模经济的大小以及历史因素决定的。"中心—外围"模型可以预测经济主体在空间维度中的渐进化过程。

后来，以 Krugman[17]，Fujita、Krugman 和 Venables[18]，Baldwin 和 Forslid[19]，Ottaviano、Tabuchi 和 Thisse[20]为代表的新经济地理学家，将交通基础设施的运输成本纳入一般均衡框架中，将运输成本视为影响要素流动和产业集聚的一个重要因素，新经济地理理论体系逐步得到完善。综上可知，交通基础设施通过降低运输成本影响产业布局，能够产生集聚效应或扩散效应，新经济地理理论为本书研究高速铁路开通对经济高质量发展的影响以及作用机制提供了重要理论依据。

第二节　关于高速铁路与经济问题的文献综述

作为一种新型客运系统的高速铁路必然会成为区域内以及区域间重要的交通基础设施，并会影响社会经济格局和产业空间布局。高速铁路与区域经济发展的关系是相对复杂的，并且存在非线性关系，在不同阶段其相互作用也并不相同。国内外学术界对于高速铁路的经济效应进行了广泛的研究，无论是国外研究还是国内研究在理论、方法和实证等各个方面均相对成熟，形成了较为丰富的研究成果。高速铁路的开通缩短了城市间的旅行时间，产生"时空收敛"效应，并在很大程度上提高了城市的可达性水平，改变了原有的区域空间结构[21-27]。我国目前正处于高速铁路建设的高峰时期，高速铁路网络的建设将使我国的经济布局和空间结构持续地调整。

一、宏观层面：高速铁路与经济发展

高速铁路开通不仅能够重塑高速铁路沿线城市的空间格局，同时还加强了城市之间的经济联系程度，学术界高度关注了高速铁路建设与区域经济发展的关系，开展了多方面的研究。总体上看，目前国内外诸多文献关于高速铁路与经济发展的研究主要集中在经济增长效应、经济发展异质性效应以及空间溢出效应。

（一）高速铁路的经济增长效应

从 20 世纪初至 20 世纪 50 年代，日本、法国、德国等国家先后开展了大量有关高速列车的理论研究和试验工作。20 世纪 60 年代，日本等发达国家的高速铁路开始投入运营，世界铁路的客运发展进入了高速时代，为这些发达国家带来了巨大的社会经济效益。由此，国内外学者开展了大量的关于高速铁路影响经济增长的案例研究和学术讨论，下面分别从国内外文献对相关研究进行梳理。

国外学者认为高速铁路开通有利于经济增长，比如 Nakamura 和 Ueda 研究了日本新干线对开通城市和未开通城市的人口和经济增长的影响，结果表明新干线的开通显著促进了经济发展，新干线沿线城市的经济水平得到了显著的提升[28]。Chen 和 Hall 以英国城际高速铁路为例，通过有无对比法，分析了沿线城市和非沿线城市对区域经济的影响，认为高速铁路打造的 2 小时内交通圈提升了经济增长水平[29]。Ahlfeldt 和 Feddersen 运用双重差分模型研究了德国高速铁路的建设和运营对沿线城市经济增长的影响，研究发现高速铁路开通 6 年后对平均 GDP 的贡献达到 8.5%[30]。

国内学者关于高速铁路开通对经济增长的影响研究并未形成一致的结论，目前大致存在两种观点。第一种观点认为高速铁路建设能够促进经济增长。比如，董艳梅和朱英明基于新经济地理学的研究框架，构建了高速铁路建设对就业、工资和经济增长的模型，运用PSM-DID方法实证检验了高速铁路建设对城市经济增长的影响，结果表明高速铁路建设产生的直接正效应高于间接负效应[31]；刘勇政和李岩运用DID方法实证检验了高速铁路开通对城市经济增长的影响，结果表明高速铁路开通显著促进了高速铁路沿线城市和相邻城市的经济增长[32]。第二种观点认为高铁建设对经济增长的促进作用不显著。比如，王垚和年猛采用DID方法来实证检验高速铁路的开通是否对区域经济发展带来显著的影响，结果表明从短期来看高速铁路对经济增长并没有起到促进作用[33]；Qin以中国铁路第六次大提速作为准自然实验，研究了铁路大提速对沿途各县域的经济影响，研究表明高速铁路开通降低了开通高速铁路县域的GDP和人均GDP，均下降3%~5%[34]。

（二）高速铁路的经济发展异质性效应

由于我国经济发展呈现明显的空间梯度差异，所以高速铁路开通对不同地理区位和不同规模城市会产生不同的影响。有些学者提出"规模经济的极化理论"会形成"中心—边缘"模式[35-38]，高速铁路运营会导致边缘地区的优质要素向中心地区集聚，形成极化效应，拉大中心地区与边缘地区之间的经济差距[39-41]。

从不同地理区位来看，李红昌等通过构建DID估计模型考察了高速铁路对城市集聚经济的影响，结果表明高速铁路开通有助于提升西部地区城市的集聚经济水平，但是会造成东部和中部地区集聚经济水平的下降[42]。陈丰龙等以地级市为研究对象，检验了高速铁路发展对中国城乡居民收入差距的影响，研究显示高速铁路开通总体上缩小了城乡居民的收入差距，但在中东部地区及大都市区域有着更加显著的作用[43]。姚博和汪红驹分析了高速铁路开通对区域高质量发展的异质性影响，结果表明高速铁路开通与市场整合对东部地区和中部地区高质量发展的影响较为显著，而对西部地区的影响却并不显著[44]。

从不同规模城市来看，张克中和陶东杰采用2001~2012年地级市面板数据，运用双向固定效应模型检验了高速铁路对经济增长率的影响，结果表明高速铁路开通显著降低了沿线非中心城市的经济增长率，距离中心城市越近的地级市受到高速铁路开通的负向影响越大[45]。卞元超等采用2004~2014年中国287个地级市的数据考察了高速铁路开通对区域经济差距的影响，研究发现高速铁路开通促进了要素流动，并对区域经济差距产生了正向影响；高速铁路开通显著扩大了省会城市的经济差距，但是对非省会城市的影响却并不显著[46]。王赟赟认为高速铁路建设降低了沿线中小城市的经济增速，这是因为高速铁路开通降低了交易成本而促使要素资源向大城市集聚，意味着中国城市化仍然是以区域中心城市为核心的集聚过程[47]。

（三）高速铁路的空间溢出效应

高速铁路建设改善了交通区位条件，并且加强了城市之间的经济关联程度，产生了空间溢出效应，并影响着不同空间层次的经济发展。高速铁路开通对经济的影响不会仅局限于高速铁路城市附近的区域，还会对周边地区产生一定的辐射和带动作用。近年来，学者较多关注高速铁路所经过城市和城市群以及附近县域三个空间层面，以下分城市层面、城市群层面和县域层面进行综述。

从城市层面来看，王雨飞和倪鹏飞构建了地理距离、高铁时间以及只含公路、高速公路和普通铁路的空间权重矩阵，研究表明高速铁路显著缩短了城市之间的时间距离，改变了城市的经济溢出效应[48]。俞路和赵佳敏基于 2005~2013 年 47 个地级行政单元的夜间灯光数据和其他社会经济数据，分析了京沪高速铁路的开通对沿线地区的经济影响，结果表明京沪高速铁路提升了本地和相邻城市的经济水平，促进了京沪高速铁路经济带的地区间溢出效应[49]。孙学涛等运用空间计量模型研究了高速铁路建设对城市经济的影响及其空间溢出效应，研究发现高速铁路建设对中国城市经济的影响存在显著的空间溢出效应，高速铁路建设对相邻城市产生极化效应和扩散效应[50]。

从城市群层面来看，宋冬林和姚常成采用空间计量模型实证分析了高速铁路运营与经济协调会合作机制能否打破城市群内市场分割，结果表明高速铁路开通显著地降低了长三角城市群的市场分割水平，高速铁路运营的空间溢出效应十分显著，推动了城市群市场一体化[51]。李彦等通过构建中介效应模型分析高速铁路服务供给对城市群经济发展的影响，结果表明高速铁路服务供给加快了技术要素的流动，促使要素资源重新配置，推进城市群空间组织结构朝多中心化方向发展[52]。

从县域层面来看，年猛将区域地理中心到高铁站的距离纳入计量模型中，并分析高速铁路是否存在空间邻近效应，结果表明高速铁路开通具有显著的空间邻近效应，高速铁路的带动效应在不同区域存在显著差异，一般距离高铁站点的县受益最大，其次是县级市和地级及以上城市[53]。陈俐锦和欧国立构建空间杜宾模型考察了高速铁路开通对不同经济基础的县级站城市的溢出效应，结果表明高速铁路建设对发展中县级市、发达县级市和落后县级市经济发展的空间溢出程度依次递减，落后县级市在高速铁路运营期间表现出对周边地区显著的经济溢出效应[54]。

二、中观层面：高速铁路与产业发展

高速铁路改变了城市之间和区域之间的可达性，对产业布局产生了一定的影响。随着高速铁路经济效应研究的深入，学者也开始关注高速铁路对沿线产业发展的影响，总体上看，高速铁路开通对产业发展的影响主要集中于高速铁路对服务业、制造业以及旅游业、房地产业的影响。

（一）高速铁路对服务业的影响

目前，关于高速铁路对服务业发展影响的研究较为分散，既有对服务业整体发展的研究，也有对服务业细分行业影响的研究。相关研究大多集中在以下两类：

一是从服务业整体发展视角出发。Kim 认为高速铁路开通能够提高区域可达性，改善城市交通区位条件，并促进生产要素在区域之间快速流动，推动现代服务业发展，并提高服务业从业人口数量[55]。Shao 等运用双重差分法研究高速铁路对服务业集聚的影响，结果表明高速铁路对铁路沿线城市的城市服务业集聚具有积极的影响，研究发现高速铁路对生产性服务业集聚的影响显著，但对消费性服务业和公共服务业的影响不显著[56]。宣烨等从多样化集聚和专业化集聚两个方面研究了高速铁路开通对高端服务业空间集聚的影响，结果表明高速铁路通过提升区位可达性、降低交易成本、改善地区要素丰裕程度显著地促进了多样化集聚[57]。

二是从服务业细分行业视角出发。王丽等定量分析了高速铁路开通对产业空间格局变动的影响，研究发现高速铁路开通与批发零售业、居民服务业和科技服务业的关联性并不显著，高速铁路开通促进了商务服务业和住宿餐饮业发展[58]。蒋华雄和孟晓晨运用修正市场潜力模型研究了高速铁路对产业市场潜力的规模及空间分布特征，研究发现高速铁路对金融业、住宿餐饮业、科研服务业、信息技术服务业、租赁和商务服务业、交通邮政业、批发零售业的规模影响依次递增，高铁的开通有利于交通邮政业、批发零售业、信息技术服务业、住宿餐饮业、租赁和商务服务业和科研服务业的空间分布更加均衡[59]。朱文涛等运用双重差分方法检验高速铁路建设对沿线城市细分服务业就业的影响，研究发现高速铁路建设显著地提升了批发和零售业、租赁和商务服务业以及居民服务业就业率，但对水利、环境和公共设施管理业等公共服务行业就业的影响并不显著[60]。

（二）高速铁路对制造业的影响

由于高速铁路主要承担了客运功能，缓解了我国主要干线铁路运力不足的问题，释放了更多的铁路资源，促使铁路货物运输能力大幅度提升，有利于信息、技术的传播，进而影响制造业的转型升级[61]。高速铁路作为重要交通基础设施，对制造业集聚和制造业空间布局均产生了重要的影响。

第一，高速铁路开通对制造业集聚的影响。李雪松和孙博文通过构建内生运输成本与工资模型分析高速铁路开通对京广高速铁路沿线城市制造业集聚的影响，结果表明高速铁路开通显著地促进了制造业集聚；高速铁路开通的制造业集聚效应共经历了三个阶段，分别为集聚加速阶段、集聚弱化阶段和扩散阶段，其中高速铁路开通对中心城市制造业集聚的影响处于第二阶段，对非中心城市制造业集聚的影响处于第三阶段[61]。卢福财和詹先志基于新经济地理理论，利用双重差分法以及中介效应方法实证检验高速铁路对中部沿线城市工业集聚的影响，研究发现随着高速铁路线路的开通，高速铁路对工业集聚度的影响效应逐渐加强[62]。朱文涛运用 GMM 估计方法实证检验了高速铁路服务供给对省域制造业空间集聚的影响，实证结果表明增加高速铁路服务供给显著地抑制了制造业空间集聚，引起制造业的空间分散[63]。

第二，高速铁路开通对制造业空间格局的影响。张书明等以日本高速铁路为例来研究高速铁路对制造业区位选择的影响，结果表明高速铁路开通促进了区域之间生产要素的流动和知识的扩散，对制造业区位选择和空间布局具有显著的促进作用[64]。刘亚洲等基于偏离—份额分析法分析了沪宁高速铁路对沿线城市制造业空间布局的影响，探讨了沪宁沿线制造业部门的产业发展优势空间分异，结果表明高速铁路开通促进了制造业空间结构优化与整合[65]。乔彬等运用 PSM－DID 方法和空间杜宾模型研究高速铁路开通对制造业升级的影响，结果表明制造业发展存在一定的空间依赖性，高速铁路通过提升城市市场潜力、制造业部门生产效率以及生产性服务业集聚程度促进制造业升级[66]。

（三）高速铁路对旅游业、房地产业的影响

近年来，随着高速铁路的快速发展，高速铁路对旅游业和房地产业的影响引起学界的极大关注，高速铁路是连接旅游出发地和旅游目的地的重要桥梁，良好的外部交通能提高旅游业的竞争力。高速铁路带来的通达性的提高能够加速人口流动和资本流动，为房地产业发展提供了契机。下面从旅游业和房地产业两个方面进行阐述。

从旅游业发展的角度来看，Masson 和 Petiot 研究发现南欧高速铁路推动了法国南部城市佩皮尼昂和西班牙第二大城市巴塞罗那商务旅游和城市旅游[67]。Ureña 等研究了高速铁路开通对旅游业的影响，结果表明高速铁路开通产生了时空压缩效应，并且加强了区域和城市之间的联系，显著地推动了城市旅游业发展，能够为大中型城市发展创造机会[68]。魏丽等运用 Tobit 模型实证检验了高速铁路开通对旅游产业效率的影响，结果表明高速铁路开通显著提升了旅游产业综合效率和纯技术效率，对西部地区、中部地区和东部地区的影响效应依次递减[69]。曾玉华和陈俊运用双重差分方法实证检验了高速铁路开通对站点城市旅游发展的影响，研究发现高速铁路开通促进了站点城市旅游人数和旅游收入的提高[70]。辛大楞和李建萍详细地阐述了高速铁路开通影响旅游业发展的作用机理，并探究了高速铁路开通对地区旅游业发展的影响，研究发现高速铁路开通显著促进了旅游业发展，高速铁路开通对西部地区旅游业的正向影响要高于东部地区[71]。

从房地产业发展的角度来看，Debrezion 等运用特征价格模型研究发现高速铁路开通促进了沿线城市的房地产价格，高速铁路站点附近的房地产价格要高于距离高铁站 15 千米以外的房地产价格[72]。张铭洪等基于构建的三重差分模型分析了高速铁路对京沪高速铁路沿线 13 个主要城市的 2245 个楼盘价格的影响，发现高速铁路建设显著提高了沿线城市的房地产价格，相比房产总价低、经济落后和人口规模小的城市，高速铁路开通对房价高、经济发达和人口规模大的城市的房地产价格影响更为显著[73]。刘晓欣等研究了高速铁路开通对城市房价的影响，研究发现高速铁路开通推动了城市房价的上涨，房价上涨幅度与该城市的地理区位相关，高速铁路开通对位于中心城市经济群内城市的房价提升作用最为明显[74]。杨秀云等利用连续时间双重差分法实证检验了高速铁路开通对沿线城市房地产价格的影响，研究发现高速铁路开通显著促进了地级市房价的提高，对中西部地区房价的正向影响效应大于东部地区[75]。

三、微观层面：高速铁路与企业发展

高速铁路开通改变了城市区位条件，加强了不同区域间企业的联系，使沿线城市企业在更短时间内实现了人力、资本、知识和技术的有效衔接和交换流动，削弱了要素流动的空间壁垒，有利于区域间资源要素合理配置，引发了传统资本市场沟通效率的重要变革，也为企业发展提供了契机。高速铁路与企业发展影响密切相关的研究文献主要有三类，分别为高速铁路对企业生产率的影响、高速铁路对企业创新的影响和高速铁路对企业投资的影响，依次梳理如下：

（一）高速铁路对企业生产率的影响

随着中国制造业的快速发展，企业的生产率不断提高。如何提高企业生产率一直是学术界关注的话题，自 2008 年之后工业企业的生产率快速提升[76]，那么其与高速铁路的发展是否有相关关系？近年来，国内学者开始研究高速铁路开通

对企业生产率的影响。

张梦婷等利用1999~2011年微观企业等层面数据分析了高速铁路开通对企业生产率的影响及其机制，结果表明高速铁路开通提高了地区市场准入的标准，促使边缘城市的劳动力要素和资本要素向中心城市集聚，产生了"虹吸效应"，导致对边缘城市企业生产率产生了负向影响；同时，他们构建了最小生成树作为工具变量验证了结论的稳健性[77]。黄凯南和孙广召采用2005~2015年的制造业上市企业数据，运用双重差分法实证检验了高速铁路开通对制造业企业全要素生产率的影响及其机制，结果表明高速铁路开通显著地提高了制造业企业的全要素生产率水平，其中高速铁路对东部和中部开通地区制造业企业水平呈现显著的正向效应，而对西部开通地区的企业制造业水平呈现一定的负向效应，对非国有企业生产率水平的正向影响大于国有企业[78]。邹薇和陈亮恒采用市场准入和量化空间一般均衡的分析思路，研究了高速铁路对企业生产率的影响及其传导机制，结果表明高速铁路开通能够引起市场准入变化，并有助于企业生产率的提升，其中高速铁路开通对中部地区、东部地区、西部地区企业生产率的影响效应依次递减，而且对中小城市企业生产率的影响超过对大城市的影响[79]。

(二)　高速铁路对企业创新的影响

高速铁路开通提高了城市之间的通达性，降低要素的流动成本，加强了信息、技术的流通和扩散，促进了创新要素跨区域流动，这对于创新发展具有十分重要的影响。近年来，国内学者开始关注高速铁路对企业创新发展的影响，并开展了相关研究。

谭建华等采用2009~2017年上市公司数据，运用多时点双重差分方法研究了高速铁路开通对企业创新的影响，结果表明高速铁路开通显著地促进了企业创新水平的提升，开通高速铁路城市的上市公司申请各类专利数比未开通高速铁路城市相对更多[80]。诸竹君等采用倍差法检验高速铁路开通对发明、实用新型和外观设计专利申请数的影响，结果表明高速铁路开通促进了工业企业创新水平的提升，开通高速铁路城市的专利申请数量和质量均高于未开通高速铁路城市，距离创新中心较近或者相对更远的企业受到的正向影响更大，高速铁路开通对接近技术前沿行业产生的正向影响更为显著[81]。郭进和白俊红基于知识溢出视角和面对面交流理论分析了高速铁路开通影响企业创新发展的作用机制，并采用沪深两市A股上市公司数据，运用断点回归模型和双重差分模型实证检验高速铁路开通对企业年专利授权量的影响，结果表明高速铁路开通显著地提升了企业间的技术外部性，促进了企业年专利授权量的产出，推动了企业创新发展[82]。杨鸣京以2006~2017年A股上市公司为研究样本，运用双重差分模型探究了高速铁路开通对企业创新的影响,结果表明高速铁路开通显著地促进了信息不对称程度较高企业创新效率的提升,其中高速铁路开通提升了非国有公司和技术公司的创新效率[83]。

(三) 高速铁路对企业投资的影响

高速铁路开通为企业提供了更多面对面交流的机会,降低了信息不对称和信息搜寻成本,有利于投资人获得更多的"软信息"[84,85]。软信息在一定程度上是指难以量化的非标准化信息,软信息通常为口头信息,投资人可以通过软信息来了解企业当前的经营情况以及未来规划,这些情况是无法通过"硬信息"获得的。高速铁路开通节约了时间成本,有助于面对面交流从而获得更多风险投资。

龙玉等以2006~2012年中国所有风险投资案例为样本实证检验了高速铁路开通对地区投资行为的影响,结果表明高速铁路开通增加了投资人和公司面对面交流的机会,降低了信息不对称,为公司吸引更多的风投。其中,高速铁路沿线城市新增的风险投资明显多于其他城市,高速铁路开通对风险投资中心城市近距离圈层内的城市的影响最为明显[86]。董建卫以私募通数据库接受A轮风险资本投资的企业为样本,运用负二项分布模型研究了高速铁路开通对风险资本投资的企业创新影响,结果表明高速铁路开通降低了交通时间成本,风险投资能够比较灵活流向高速铁路沿线城市的企业,从而显著促进了风险资本投资的企业创新[87]。文雯等以2005~2015年中国上市公司为样本数据,运用双重差分法实证检验了高速铁路开通对企业投资效率的影响,结果表明高速铁路开通对沿线城市企业的投资效率有显著的正向效应,并且缓解了投资不足等问题;高速铁路开通对东部地区的影响大于中部和西部地区,对非创新型行业的影响大于创新型行业;进一步研究表明,高速铁路开通显著提升了企业绩效[88]。

第三节　关于经济高质量发展的文献综述

党的十九大提出了中国经济已由高速增长阶段转向高质量发展阶段。推动经济实现高质量发展是新时代我国经济发展的基本特征,也是适应发展新变化的必然要求。目前,经济高质量发展已经成为新时代中国特色社会主义经济学研究的新内容,正处在开始阶段,党的十九大以来关于经济高质量发展的研究逐渐增多,经济学界一致认为经济转向高质量发展具有重大的意义。本节梳理了关于经济高质量发展的相关文献,并从经济高质量发展内涵、指标体系测度和实现途径等研究观点进行评述。

一、经济高质量发展内涵界定

（一）以社会主要矛盾为视角

随着我国经济的快速发展，长期粗放的发展方式引起了三大结构性失衡、生态环境污染、城乡发展不协调等问题，严重制约了经济高质量发展。进入新时代，我国社会主要矛盾从"人民日益增长的物质文化需要同落后的社会生产之间的矛盾"转化为"人民日益增长的美好生活需要和不平衡不充分的发展之间的矛盾"，这标志着中国特色社会主义进入了新时代，而且对发展全局产生了广泛而深刻的影响。中国特色社会主义新时代的宏观调控从"数量"向"质量"转换，"总量"向"结构"转换，在新时代下，质量和效益替代 GDP 规模和增速而成为经济发展的首要问题和优先目标。刘志彪从解决人民日益增长的美好生活需要和不平衡不充分的发展之间的矛盾出发，认为高质量发展应提升人民对美好生活的满意程度，在推进我国经济实现高质量发展过程中，必须打好三大攻坚战，坚持防范金融风险、实施精准扶贫、治理环境污染，并纠正实体经济与虚拟经济之间的重大结构失衡问题[89]。高培勇以社会主要矛盾变化作为高质量发展的逻辑起点，认为推动高质量发展系契合经济发展规律之路，是中国特色社会主义进入新时代的客观必然[90]。陈诗一和陈登科基于雾霾治理视角研究了政府环境治理对经济高质量发展的影响，发现政府环境治理的减霾效果积极促进了经济高质量发展，并从绿色发展、环境治理视角探讨了影响我国经济高质量发展的作用机制，认为在推进中国高质量发展时必须考虑环境因素[91]。

（二）以五大发展理念为视角

经济高质量发展是一种新的发展理念，是一种新的发展方式，是一种新的发展战略，是经济发展理论的重大创新。2021 年 3 月，习近平总书记在福建考察时强调："高质量发展就是体现新发展理念的发展。"新时代抓发展，必须更加突出发展理念，坚定不移贯彻创新、协调、绿色、开放、共享的新发展理念，推动高质量发展。从五大发展理念来看，第一，创新发展注重的是解决发展动力问题，创新是引领经济发展的第一动力，同时也是时代进步的迫切需要，要依靠创新驱动、结构调整的发展战略，推动中国经济的现代化建设进程；第二，协调发展注重的是解决发展不平衡问题，在面临一系列不平衡、不协调、不可持续发展的问题时，必须调整关系，解决区域发展不平衡的问题；第三，绿色发展注重的是解决人与自然的和谐问题，是经济高质量发展的必然要求，近年来，全国范围内的压缩性、复合型大气污染等环境问题突出，必须推进生态文明建设；第四，开放发展注重的是解决发展内外联动问题，面对当前复杂的国际经济环境，必须坚持高质量开放；第五，共享发展注重的是解决社会公平正义问题，最终目的是实现共同富裕，解决城乡差距、收入差距等问题。何立峰认为高质量发展能够体现"五大发展理念"，能够满足人民日益增长的美好生活需要[92]。高培勇以提升经济发展的质量和效益为目标，坚持创新、协调、绿色、开放、共享，以创新为第一驱动力，协调为永续发展的内在要求，绿色为可持续健康发展的必要条件，开放为国家繁荣发展的必由之路，共享为中国特色社会主义的根本目的[90]。

（三）以宏观、中观、微观为视角

经济高质量发展的内涵可以从宏观、中观和微观三个角度来理解，如宏观层面的经济增长发展、经济高质量发展，中观层面的产业发展、工业化发展，微观层面的企业绩效、产品质量。钞小静和薛志欣建立"宏观全要素生产率提升—中观产业结构优化—微观企业效率提高"的路径推动中国经济高质量发展。在宏观层面通过技术效率的改进、技术进步的提升和配置效率的改善以提高全要素生产率，在中观层面通过产业价值链升级以优化产业结构，在微观层面通过提高企业的管理效率和服务水平以提高企业效率[93]。

从宏观角度来看，经济高质量发展是指经济发展的质量和效率的提高，体现为经济结构的优化。中国经济正由高速增长转向高质量发展阶段，政府不再仅仅关注经济增长指标，而是逐渐关注经济质量指标，加速经济结构优化能否提高全要素生产率。在经济发展的新时代背景下，这已成为亟待解决的重大问题。刘志彪和凌永辉研究了结构转换对全要素生产率的影响，认为提升全要素生产率是实现高质量发展的核心，发现结构转换对经济高质量发展的影响为显著的正向效应[94]。林毅夫基于新结构经济学理论分析了经济结构转型与经济高质量发展的关系，阐述了高质量发展的鲜明特征和基本原则以及实现高质量发展的重要方法[95]。

从中观角度来看，经济高质量发展主要指产业和工业化发展，建设实体经济、科技创新、现代金融、人力资源相互促进、协同发展的产业体系。由于美国单方面挑起的中美贸易争执，进一步暴露了中国产业体系中制造业在全球价值链上处于中低端位置，而美国依托在高科技领域的先发优势占据中高端位置，导致我国价值链和产业链安全面临威胁和挑战。建设高质量发展的现代化产业体系已成为当前中国经济发展的迫切要求。丁文珺认为推进产业高质量发展必须以改革的视角，通过发展新兴产业、推行产业政策、构建开放政策、实施区域产业治理来实现[96]。

从微观角度来看，企业是宏观经济发展的微观主体，是中观产业发展的基本组织，经济高质量发展是企业通过技术创新提高产出效率，推动企业内部质量管理变革，提供"高品质、高附加值、高可靠性"的产品和服务，建立科学高效的公司治理体系和灵活的运营机制，最终实现利益共赢。黄速建等构建了实现国有企业高质量发展的逻辑框架，认为国有企业作为中国特色社会主义经济的"顶梁柱"直接影响了经济高质量发展的推进[97]。侯为民从经济高质量发展的微观基础层面强调了国有企业的重要性，企业作为国家创新力的重要载体，是实现经济高质量发展最重要的一环，进行高质量建设要充分发挥我国的制度优势，重视国有企业的竞争优势[98]。

二、经济高质量发展指标测度

随着我国经济进入高质量发展阶段，测度经济高质量发展水平的研究成为学术界关注的热点。衡量经济高质量发展水平的指标体系是丰富多样的，至今没有形成统一的标准。为了加快推进我国社会主义现代化强国建设，有必要对我国经济发展质量水平进行测度，以探究经济发展水平的演变，本节对现有学者的测度方法进行了归纳和总结。

许多学者测度了省际经济高质量发展水平，比如詹新宇和崔培培构建了经济增长质量指标体系，首先利用主成分分析法估算了 2000～2014 年各省份的创新、协调、绿色、开放、共享指标，其次综合测度了各省份经济增长质量水平[99]。魏敏和李书昊构建了包含经济结构优化、创新驱动发展、资源配置高效、市场机制完善、经济增长稳定、区域协调共享、产品服务优质、基础设施完善、生态文明建设和经济成果惠民 10 个方面的经济高质量发展指标体系，使用熵权法确定指标权重，采用 TOPSIS 方法测度了 2016 年各个省份经济高质量发展水平，分析了进入新时代后不同省份的经济高质量发展水平的空间分布特征[100]。马茹等基于经济高质量发展的内涵，构建了包含高质量供给、高质量需求、发展效率、经济运行、对外开放的经济高质量发展评价指标体系，采用等权重赋值法测度了2016 年 30 个省份的经济高质量发展总指数和五大分指数[101]。李书昊构建了涵盖创新驱动、市场主导、结构均衡、绿色环保、资源高效和以人为本六个子系统的转变测度体系，测度了 2016 年 30 个省份的经济发展方式转变指数，并且评估了中国不同省份的经济发展方式转变的相对进程[102]。

还有一些学者测度了地级市经济高质量发展水平，师博和张冰瑶基于发展的基本面、社会成果和生态成果三个维度构建了经济高质量发展指标体系，利用均等权重法赋值测度了 2004～2015 年中国地级以上城市经济高质量发展指数，结果表明城市的经济高质量发展水平具有趋同特征[103]。赵涛等构建了包含产业结构、包容性全要素生产率（TFP）、技术创新、居民生活和生态环境五个二级指标的多维度评价体系，测算了 2005~2016 年 222 个地级及以上城市的经济高质量发展指数[104]。

从现有的研究成果来看，选取指标、数据统计口径、数据处理方法的不同在一定程度上影响了评价分析结果的科学性和准确性。在经济发展新时代背景下，对于经济高质量发展的定量评价还不够深入。学者可以在构建评价高质量的指标体系时更加关注人民幸福感、人与社会和谐、绿色生态环境等长远目标，淡化经济增速的相关指标，建立一套规范统一的测度体系。

三、经济高质量发展实现途径

高质量发展是我国经济发展进入新阶段的重要特征，能够很好满足人民日益增长的美好生活需要，解决发展不平衡、不充分问题。经济高质量发展是建设社会主义现代化国家的必由之路。从总体上来看，可以从建设现代化经济体系和推动三大变革来考虑经济高质量发展的路径实现问题。有学者对经济高质量发展的实现路径进行了研究，这具有很强的借鉴意义。

（一）建设现代化经济体系

习近平总书记在党的十九大报告中指出，我国经济已由高速增长阶段转向高质量发展阶段，正处在转变发展方式、优化经济结构、转换增长动力的攻关期，建设现代化经济体系是跨越关口的迫切要求和我国发展的战略目标。同时，建设现代化经济体系也是实现高质量发展的现实路径[105]。

从宏观层面上，经济高质量发展宏观层面调控的目标应以质量型发展为导向、以充分就业为先导、以稳定物价为基础、以化解重大风险为核心和以污染防治为根本。贺晓宇和沈坤荣认为现代化经济体系是实现经济高质量发展的支撑，分析了现代化经济体系影响经济高质量发展的作用机理，以省际数据为样本实证检验了现代化经济体系完善有利于全要素生产率的提升，推动经济实现高质量发展[106]。高培勇等运用宏观经济学与政治经济学理论，构建了以经济体系为核心的综合逻辑框架，并探讨了如何建设现代化经济体系，事实表明建设现代化经济体系是社会经济系统的综合转型，同时也是实现经济高质量发展的必经之路[107]。

从中观层面上，毕吉耀和原倩认为产业体系、市场体系、收入分配体系、城乡区域发展体系、绿色发展体系、全面开放体系和充分发挥市场作用、更好发挥政府作用的经济体制七个领域共同构成了现代化经济体系，建设现代化经济体系能够有利于经济增长模式由规模扩张向质量提升转变[108]。杜宇玮勾勒了现代产业体系的逻辑框架，认为现代产业体系的核心在于实现科技创新、现代金融、人力资源三种要素与实体经济互动，基于这"三位一体"的协同机制，提出了建设高质量发展视域下产业体系的实现路径[109]。

从微观层面上，洪银兴认为建设现代化经济体系开启了现代化的新征程，是中国经济发展进入新时代的一个重要标志，应该注重发展实体经济和提高供给体系质量，建设现代化经济体系是通过创新体系、供给体系和制度体系来实现的[110]。马一德认为建设新时代技术创新体系是现代化经济体系的重要组成部分，要构建以企业为主体、以市场为导向、产学研深度融合的新时代技术创新体系，从而实现经济高质量发展[111]。张建军和赵启兰认为现代供应链体系是建设我国现代化经济体系的关键，现代供应链体系由供应链战略、供应链服务、供应链管理、供应链创新和供应链减排构成，建设现代供应链体系能够推动产业融合发展、驱动创新发展以及优化营商环境，最终实现经济高质量发展[112]。

（二）推动三大变革

党的十九大报告提出，必须坚持质量第一、效益优先，以供给侧结构性改革为主线，推动经济发展质量变革、效率变革、动力变革。

1. 推动质量变革

推动质量变革是变革的主体，是经济高质量发展的目标，体现在企业、产业和宏观经济等多个层面和多个领域方面，包含企业提供的更好的产品和服务、产业结构更加合理化、经济运行更加平稳、社会分配更加公平，最终实现经济高质量发展[113]。从企业层面来看，企业要提供满足消费者个性和需求的高品质的产品和服务，保证产品质量的持续创新，塑造具有全球影响力的品牌，并提高企业的技术创新能力，形成具有中国企业特色的质量管理体系。从产业层面来看，要不断优化产业布局、调整产业结构实现产业转型升级，完善产业体系是推动经济高质量发展的重要实现路径，合理的产业结构能够为先进的技术提供支撑，要注重现代农业、先进制造业、现代服务业的发展，构建完善的现代化产业体系。从宏观层面来看，推动质量变革要保证经济平稳运行和适度的增长，满足整体均衡与结构协调，注重区域之间、城乡之间的协调发展，要兼顾社会的公平性和包容性。在新时代，质量不仅意味着产品质量、产业结构、宏观质量等从微观到宏观的延伸，还需要兼顾到民生生活质量和生态环境保护等多方面需求。

2. 推动效率变革

推动效率变革是变革的主线和实现高质量发展的重要支撑，能够提高中国经济竞争力。效率变革就是提高经济系统的整体产出，包括宏观层面上的生产要素配置效率、全要素生产率和微观层面上的劳动效率和能源使用效率。王竹君和任保平认为发挥市场机制作用、提高教育水平与人力资本质量能够提高宏观效率，构建三次产业协同合作新体系、优化产业结构、转变政府职能能够提高中观效率，优化研发投入和改善营商环境能够提高微观效率，这些都是新时代中国高质量发展中实现效率变革的主要路径[114]。茹少峰等认为新时代我国推进效率变革的路径包括发挥市场对要素配置作用、实现产业结构升级、深化企业改革、高质量对外开放、加大科技活动投入、提高教育水平与人力资本质量[115]。

3. 推动动力变革

长期以来，中国经济发展方式以低成本劳动力、资源能源消耗以及投资驱动为主，这种粗放型增长方式是不可持续的，发展过程存在不平衡、不协调、不可持续等问题，并且亟待改变。动力变革是促进经济增长的动力源泉，是推动高质量发展的关键，是实现质量变革、效率变革的前提条件。王雄飞和李香菊认为重塑发展动力体系能够解决经济运行中存在有效需求不足的问题，动力变革的实现途径主要包括从要素驱动转向创新驱动、从投资拉动转向消费拉动、从不均衡发展转向均衡发展等方面，通过优化转移支付制度和全方位深化税制改革实现财政体制高质量变革[116]。蒲晓晔和 Fidrmuc 分析了需求动力结构和供给动力结构的优化机理，构建了新常态经济发展的动力体系，其中需求动力结构由投资、消费、净出口共同构成，供给动力结构由要素投入、制度创新和技术进步相互作用构成，从根本上调整了经济结构，并推动了经济高质量发展[117]。现阶段经济高质量发展研究处于起步阶段，多停留在对经济高质量发展的含义特征、内在机理、实现途径等方面的定性分析描述[118,119]。

第四节　本章小结

一、理论小结

本章主要归纳了传统经典理论和现代经济理论。其中，传统经典理论包括了古典经济理论和古典区位理论，古典经济理论中亚当·斯密、托马斯·罗伯特·马尔萨斯和大卫·李嘉图的观点内容丰富，古典区位理论中约翰·冯·杜能、阿尔弗雷德·韦伯、沃尔特·克里斯塔勒、奥古斯特·勒施研究了在完全竞争条件下企业行为的空间区位选择这一问题，但是假设条件过于严苛，理论推导的结果与实际却并不相符。随着经济理论的发展，传统经典理论过渡到现代经济理论，现代经济理论包括新古典经济增长理论、新经济增长理论和新经济地理理论。以索洛—斯旺经济增长模型为代表的新古典经济学增长理论认为技术进步为外生的，因此新古典经济学增长理论被认为是通过假定增长来解释经济增长的；以保罗·罗默和罗伯特·卢卡斯为代表的新经济增长理论认为技术进步是内生的，揭示了技术进步的内在机制，得出知识积累和人力资本可以促进经济可持续增长。以保罗·克鲁格曼为代表的新经济地理理论将由空间距离影响的运输成本引入理论分析框架之中，研究了"报酬递增规律"如何影响产业集聚的形成，而后构建"中心—外围"模型，并将新经济增长理论与新经济地理理论结合，分析了交通基础对经济聚集和空间布局的影响。

二、文献小结

通过回顾和梳理高速铁路与经济高质量发展的相关文献可以发现，国内外学者对高速铁路与经济问题的关系展开了大量的研究，研究成果较为丰富，为本书探讨高速铁路对经济高质量发展的影响奠定了良好的基础，但仍然存在一定的研究空白和局限性。

第一，已有研究从宏观、中观和微观三个层面，分别总结了高速铁路开通影响经济增长、产业发展和企业发展的相关文献。但是鲜有文献构建中介效应模型来研究高速铁路影响经济增长的传导机制。

具体而言，从宏观视角出发，高速铁路与经济发展的研究主要集中在高速铁路的经济增长效应、经济发展异质性效应以及空间溢出效应；从中观视角出发，高速铁路开通对产业发展的影响主要集中于高速铁路对服务业、制造业以及旅游业和房地产业的影响；从微观视角出发，高速铁路开通加强了区域间的产业联系，加快了沿线城市企业在短时间内实现人力、资本、知识和技术的交换流动，打破了空间壁垒，引发了传统资本市场沟通效率的重要变革，从而影响了企业生产率、企业创新和企业投资。可以看出，现有研究成果存在高速铁路与经济增长、产业发展及其企业发展的研究，但是缺乏探讨高速铁路影响经济增长的作用机制，导致只考虑高速铁路对经济增长的直接效应，却没有考虑高速铁路影响经济增长的中介效应。

第二，现有文献主要聚焦于经济高质量发展内涵、指标测度和实现途径三个方面的研究，关于经济高质量发展的内涵和实现途径研究相对比较丰富，而关于经济高质量发展指标测度的研究却未达成共识。

具体而言，部分学者主要采取单一指标来表征经济高质量发展或者构建指标体系测度经济高质量发展水平。比如，采用劳动生产率来表征经济高质量发展，或者单纯以资本和劳动力为投入指标、以人均 GDP 为产出指标计算得出的全要素生产率表示经济高质量发展，这些指标虽具有一定成效，却存在片面性和局限性，难以全面地反映经济高质量发展的内涵。近年来学者们更聚焦于构建指标体系来测度经济高质量发展水平，采用等权重赋值法来确定各个基础指标所占权重，但这些指标的赋值却具有较强的主观性。由于目前经济高质量发展指标体系存在缺乏顶层设计、未能体现高质量发展内在要求、指标不可计量、指标数据测算歧异较大等现实问题，在一定程度上降低了评价分析结果的科学性和准确性。在经济发展新时代背景下，对于经济高质量发展的定量评价还不够深入。

综上所述，目前学术界关于研究高速铁路与经济高质量发展的关系的文献相对空白，研究高速铁路开通影响后果的文献相对丰富，但是研究高速铁路影响经济发展的传导机制的文献相对较少。由于经济高质量发展这个概念是中国共产党第十九次全国代表大会首次提出的，关于经济高质量发展的文献更多采用定性分析，而采用定量分析较少。本章通过对理论基础、高速铁路和经济高质量发展相关文献的梳理，为后续章节高速铁路开通对经济高质量发展的影响及其传导机制、模型构建以及实证分析提供了新的视角和方向。

第三章 高速铁路和经济高质量发展的概况分析

第一节 高速铁路的概况

一、高速铁路的基本概念

高速铁路是一个具有国际性和时代性的概念，关于"高速铁路"的定义在不同时期、不同国家和不同科研学术领域均有所差异。日本作为世界上最早修建高铁的国家，1970 年在第 71 号法律《全国新干线铁道整备法》中规定：运营速度达到 200 千米/小时或以上的干线铁道定义为高速铁路。1962 年，国际铁路联盟（UIC）对高速铁路的概念进行了界定，将高速铁路定义为最高运行速度可达 200 千米/小时的铁路。1996 年，欧盟（EU）认为速度达到 250~300 千米/小时的新建铁路，或者通过原有线路改造速度达到 200 千米/小时的铁路，均可称为高速铁路。

中国对高速铁路的定义分为狭义和广义的含义。中国国家铁路局出版的《高速铁路设计规范》（TB10621-2014）界定了狭义的高速铁路概念，是针对中国铁路施工建设技术等级新设置的级别，简称"高铁级"，并为中国高铁发展提供了系统规范的成套建设标准支撑。①客运：高速铁路线路只承担客运功能，客货铁路和货运铁路不属于技术型高速铁路。②速度：高速铁路的基础设施设计速度为 250~350 千米/小时。③车辆：构造速度达到 200 千米/小时级别之上的动车组，非动车组列车和中低速动车组列车不在高铁级线路运行。④系统：CTCS-2 及以上级别的铁路调度控制系统。⑤轨道：高速铁路线路应按照双线电气化铁路标准设计，采用标准重轨铺设，轻轨、宽轨、窄轨和磁悬浮轨道等不属于高铁级线路的范围。⑥单位：由中国铁路总公司和国家铁路局（下属 18 个铁路局集团有限公司）管理经营，不计入城市轨道交通。⑦新线：高铁级建设标准只适用于 2008 年京津城际铁路及以后建成的线路，之前的既有线铁路不属高铁级。⑧调度指挥方式：高速铁路调度指挥方式为调度集中。

国家发展和改革委员会制定的《中长期铁路网规划》中界定了广义的高速铁路概念，是针对中国铁路完善线路网络组成部分新规划设计的高级线路，简称"高铁路网"。①线路：以"八纵八横"的高级铁路为主干线，其他高级既有铁路和城际铁路等为次支线。②速度：铁路基础设施设计速度因地制宜地采用200~350千米/小时范围间的标准建设。③轨道：高铁网线路采用标准重轨铺设，轻轨、宽轨、窄轨和磁悬浮轨道等不属于高铁路网的范围。④单位：由中国铁路总公司和国家铁路局（下属18个铁路局集团有限公司）管理经营，部分市郊铁路除外。为满足快速增长的客运需求，优化拓展区域发展空间，在"四纵四横"高速铁路的基础上，增加客流支撑、标准适宜、发展需要的高速铁路，部分利用时速200千米铁路，形成以"八纵八横"主通道为骨架、区域连接线衔接、城际铁路补充的高速铁路网，实现省会城市高速铁路通达、区际之间高效便捷相连。

本书中的高速铁路开通城市依据2013年7月国务院第18次常务会议通过的《铁路安全管理条例》规定，将高速铁路定义为新建设计开行250千米/小时（含预留）及以上动车组列车、初期运营速度不小于200千米/小时的客运专线铁路。

二、世界高速铁路的发展历程

本节主要介绍了世界高速铁路发展的历程，进一步详细地阐述了日本、法国、德国等国家高速铁路发展的概况。从20世纪初至20世纪50年代，日本、法国、德国等国家先后开展了大量有关高速列车的理论研究和试验工作，1964年日本新干线和1981年法国TGV东南线的成功运营表明世界铁路的客运发展进入了高速时代，为世界铁路发展树立了典范，并带来了巨大的社会经济效益。随后德国、意大利、西班牙、瑞典等国家逐步发展了不同类型的高速铁路，且运营速度不断被刷新，世界上许多国家掀起了建设高速铁路的新高潮。世界高速铁路系统主要包括日本新干线系统、德国ICE系统和法国TGV系统，这些国家为高速铁路发展提供了先进的技术。世界高速铁路的发展历程可以划分为三个阶段，形成了三次建设高潮。

（一）第一阶段：20世纪60年代至20世纪80年代末

世界上第一条正式的高速铁路是日本修建的。1964年建成通车的东海道新干线（新干线的第一条线路）连通了东京、名古屋和大阪所在的日本三大都市圈，全程515.5千米，速度达到210千米/小时，从东京到大阪的运行时间由6.7小时缩短至3.1小时，现只需2.3小时，大大缩短了城市之间的旅行时间，提高了人才、技术的跨区域流动性，促进了日本经济快速发展。继东海道新干线之后，日本又陆续开通了山阳新干线、东北新干线、上越新干线、北陆新干线和九州新干线等。日本新干线的成功运营给欧洲国家带来了巨大的冲击，这是因为日本发展新干线时，欧洲国家将铁路运输视为夕阳行业，并大力发展高速公路和航空运输业。

由于 20 世纪 70 年代发生了严重的石油危机，欧洲各国为了保持经济可持续发展开始大力修建高速铁路。1976 年，法国政府资助高速铁路（TGV）计划，法国高速铁路东南线随之开始建造。1981 年 9 月 27 日，法国国营铁路公司开通了巴黎至里昂的高速铁路，最高运行时速为 270 千米，旅行时间由 3 小时 50 分缩短至 2 小时，这是欧洲大陆的第一条高速铁路。

（二）第二阶段：20 世纪 80 年代末至 20 世纪 90 年代中期

1989~2007 年，法国又陆续开通了大西洋线（巴黎至图尔和勒芒）、北线（巴黎至加来和比利时边境）、罗纳—阿尔卑斯线（东南线至瓦朗斯）、地中海线（瓦朗斯至马赛）和东线（巴黎至斯特拉斯堡）。自此，比利时、荷兰和英国也使用 TGV 列车技术，建设了与法国相连接的高速铁路。法国的高速铁路建设取得巨大成功之后，为了促进欧洲社会发展和提高人们生活水平的质量，许多欧洲国家开始建设客运高速列车，为旅客提供更加安全、快速、经济和舒适的运输服务。

德国的城际高速铁路（ICE）与日本和法国相比起步较晚，这是因为德国同时研究高速轮轨和磁悬浮技术，德国研发的 ICE 具有成熟的技术等级、合理的布置结构和高档的内部装饰等优点，是世界上较为成功的高速列车之一。1991 年 6 月汉诺威—维尔茨堡线和曼海姆—斯图加特线开通，ICE 的速度最高达到 250 千米/小时。1992 年 4 月，西班牙在巴塞罗那奥运会前夕开通了从马德里至塞维利亚的高速铁路，最大速度达 300 千米/小时，西班牙高速列车采用了法国 TGV 技术，在第一条高速干线运营以后，陆续新建和改建了高速铁路，追赶上了世界高速运输的发展步伐。随后，比利时、荷兰、瑞典、英国等欧洲大部分国家大规模开通了跨国界的高速铁路，并逐渐形成了现代化的高速铁路网络，高速铁路的开通不仅推动了经济发展，更多的是满足国家能源、环境、交通政策的需要。

（三）第三阶段：20 世纪 90 年代中期至今

20 世纪 90 年代中期至今的高铁浪潮涉及韩国、中国、美国、俄罗斯、澳大利亚、匈牙利、土耳其等国家，这些国家都开始陆续修建和规划高速铁路，并开始修建新的高铁线路和改造旧的铁路干线，全面提升铁路速度。目前拥有速度达到 200 千米/小时以上高速列车的国家已有日本、法国、德国、西班牙、意大利、比利时、芬兰、英国、美国、韩国、中国等国家。2004 年 4 月,韩国高速铁路(KTX)正式运营,最大速度达 300 千米/小时,这标志着韩国运输历史的新纪元。2007 年 3 月,中国台湾高速铁路(THSR)台北—高雄线路正式运营,全线长度为 345 千米,运营时速为 300 千米,旅行时间为 1.5 小时。2008 年 8 月,中国内地第一条设计速度达 350 千米/小时的京津城际铁路正式开通,标志着中国进入高铁时代,在世界范围内将高速铁路的发展推向了一个新的历史高潮,高速铁路是社会经济发展到一定阶段的产物,许多发达国家十分重视高速铁路促进区域经济一体化的作用,其中部分发展中国家也开始制定高铁战略、引进高铁技术,提升铁路在国民经济中的地位。表 3-1 列出了世界高速铁路大事件,体现了世界高速铁路发展的历程。

表 3-1　世界高速铁路发展进程

阶段	年份	事件
第一阶段	1964	世界首列高速列车在日本投入运行,速度为 210 千米/小时
	1972	法国 TGV 高速列车开始试车,速度为 317 千米/小时
	1981	法国 TGV 东南线(巴黎—里昂)通车,最高速度达到 270 千米/小时
	1985	德国开始进行实施曼海姆—斯图加特线和汉诺威—维尔茨堡线的 ICE 计划
	1988	德国电力牵引的行车试验速度突破 400 千米/小时,达到 406.9 千米/小时
	1989	法国 TGV 大西洋线(巴黎至图尔和勒芒)通车,最高速度达到 300 千米/小时
第二阶段	1990	法国 TGV 大西洋线运行速度高达 515.3 千米/小时,创下世界纪录
	1991	德国 ICE 正式投入运营,汉诺威—维尔茨堡和曼海姆—斯图加特线通车,速度为 250 千米/小时
	1992	西班牙 AVE 马德里—塞维利亚线路正式运营,速度为 250 千米/小时
		意大利 TAV 佛罗伦萨—罗马线路正式运营,最高运行速度为 250 千米/小时
	1993	法国 TGV 北方线(巴黎—里尔)通车,最高速度达到 320 千米/小时
	1994	法国巴黎至英国伦敦的高速铁路隧道开通,横穿英吉利海峡
	1997	比利时 LGV 北线布鲁塞尔至法国边境里尔通车,运营速度为 300 千米/小时
第三阶段	2000	美国 Acela Express 在东北走廊投入运营,最高运行速度为 240 千米/小时
	2003	土耳其开始修建伊斯坦布尔—安卡拉的高铁线路,全长 553 千米
	2004	韩国 KTX 首尔—大邱线路正式运营,成为亚洲第二个建设高铁的国家

阶段	年份	事件
第三阶段	2006	阿根廷提出修建南美大陆第一条高速铁路，全长 710 千米，最高时速为 320 千米，将布宜诺斯艾利斯、罗萨里奥、科尔多瓦三个城市相连接
	2007	中国台湾 THSR 台北—高雄线路正式运营，线路长度为 345 千米
	2008	中国京津冀城际高速铁路正式开通，标志着中国进入高铁时代
	2010	俄罗斯圣彼得堡至芬兰赫尔辛基首条高速铁路开通，全长 443 千米
	2013	俄罗斯根据 2020 年前交通基础设施发展计划，表示俄罗斯莫斯科至鞑靼自治共和国首府喀山高速铁路项目将于 2013～2014 年开始建设

资料来源：笔者根据相关资料整理。

三、中国高速铁路的发展历程

中国高速铁路的发展相比发达国家起步稍晚，但是发展速度和建设规模已经赶超西方国家。自 20 世纪 90 年代开始，我国开始对高速铁路开展大量的科学研究与技术攻关，2003 年中国第一条快速客运专线——秦沈客运专线正式运营，标志着中国快速铁路进入新阶段，为后来中国高速铁路发展奠定了基础。本节梳理了中国高速铁路的相关政策以及中国高速铁路的发展历程。

（一）中国高速铁路发展的相关政策

在高速铁路发展初期，国家陆续出台了多项政策支持高速铁路的发展。2004 年 1 月，国务院审议通过了在铁路史上具有里程碑意义的《中长期铁路网规划》，其发展目标为到 2020 年，全国铁路营业里程达到 10 万千米，建设客运专线 1.2 万千米以上，客车速度达到 200 千米/小时及以上。2008 年 10 月，国家发展和改革委员会批准了《中长期铁路网规划（2008 年调整）》，提出建设客运专线 1.6 万千米以上，并以"四纵四横"为重点，加快构建快速客运网的主骨架。2012 年 4 月，科学技术部发布的《高速列车科技发展"十二五"专项规划》对我国至 2020 年期间高速列车科技的发展目标以及重点技术任务作了详细说明，从整体上确保高速列车系统的安全性和可持续性。2016 年 7 月，国家发展和改革委员会、交通运输部、中国铁路总公司联合发布了《中长期铁路网规划（2016-2030）》，勾画了我国高铁网络蓝图，在原规划"四纵四横"高速铁路的基础上，形成以"八纵八横"主通道为骨架、区域连接线衔接、城际铁路补充的高速铁路网。其中，该规划还提及建成现代的高速铁路网，连接主要城市群，形成以特大城市为中心覆盖全国、以省会城市为支点覆盖周边的高速铁路网，实现相邻大中城市间 1～4 小时交通圈、城市群内 0.5~2 小时交通圈。表 3-2 汇总了中国历年来高速铁路相关政策。

表 3-2　中国高速铁路发展相关政策梳理

发布时间	政策名称	主要内容
2004 年 1 月	《中长期铁路网规划》	规划"四纵四横"等客运专线。到 2020 年，铁路营业里程达到 10 万千米，建设客运专线 1.2 万千米以上，客车速度达到 200 千米/小时及以上
2007 年 3 月	《新建时速 300-350 公里客运专线铁路设计暂行规定》	新建时速 250 千米客运专线铁路、新建时速 300~500 千米客运专线铁路，都属于后来规定的中国高铁范围，其规范属于高速铁路设计规范
2008 年 10 月	《中长期铁路网规划（2008 年调整版）》	到 2020 年，全国铁路营业里程达到 12 万千米以上，其中建设客运专线 1.6 万千米以上
2010 年 10 月	《国务院关于加快培育和发展战略性新兴产业的决定》	依托客运专线和城市轨道交通等重点工程建设，大力发展轨道交通装备
2012 年 4 月	《高速列车科技发展"十二五"专项规划》	对高速列车科技的总体思路、发展目标以及技术路线、主要预期成果等作了详细说明
2012 年 5 月	《国家铁路"十二五"发展规划》	建设发达完善铁路网，发展高速铁路，基本建成快速铁路网，建设"四纵四横"高速铁路，有序建设快速铁路，规划建设城际铁路
2012 年 7 月	《"十二五"综合交通运输体系规划》	基本建成国家快速铁路网，营业里程达 4 万千米以上，运输服务基本覆盖 50 万以上人口城市
2013 年 8 月	《国务院关于改革铁路投融资体制加快推进铁路建设的意见》	向地方政府和社会资本放开城际铁路、市域（郊）铁路、资源开发性铁路和支线铁路的所有权、经营权，鼓励社会资本投资建设铁路
2014 年 8 月	《国务院办公厅关于支持铁路建设实施土地综合开发的意见》	支持铁路建设与新型城镇化相结合。鼓励提高铁路用地节约集约利用水平。支持新建铁路站场与土地综合开发项目统一联建
2015 年 1 月	《高速铁路设计规范》	新建铁路旅客列车设计最高行车速度达到 250 千米/小时及以上的铁路
2015 年 1 月	《城际铁路设计规范》	城际铁路仅运行动车组列车，设计速度分为 200 千米/小时、160 千米/小时、120 千米/小时三级

续表

发布时间	政策名称	主要内容
2015 年 7 月	《关于进一步鼓励和扩大社会资本投资建设铁路的实施意见》	重点鼓励社会资本投资建设和运营城际铁路、市域（郊）铁路、资源开发性铁路以及支线铁路，鼓励社会资本参与投资铁路客货运输服务业务和铁路"走出去"项目
2016 年 3 月	《中华人民共和国国民经济和社会发展第十三个五年规划纲要》	完善现代综合交通运输体系。高速铁路营业里程达到 3 万千米，覆盖 80% 以上的大城市
2016 年 7 月	《中长期铁路网规划（2016-2030）》	在原规划"四纵四横"高速铁路基础上，形成以"八纵八横"主通道为骨架、区域连接线衔接、城际铁路补充的高速铁路网
2017 年 2 月	《"十三五"现代综合交通运输体系发展规划》	到 2020 年，基本建成安全、便捷、高效、绿色的现代综合交通运输体系。高速铁路覆盖 80% 以上的城区常住人口 100 万以上的城市
2017 年 11 月	《铁路"十三五"发展规划》	在建成"四纵四横"主骨架的基础上，高速铁路建设有序推进，高速铁路服务范围进一步扩大，基本形成高速铁路网络
2018 年 6 月	《交通运输服务决胜全面建成小康社会开启全面建设社会主义现代化国家新征程三年行动计划（2018-2020 年）》	着力推进综合交通基础设施建设，到 2020 年，中国高速铁路里程达到 3 万千米，覆盖 80% 以上的城区常住人口 100 万以上的城市
2019 年 9 月	《交通强国建设纲要》	到 2035 年，基本建成交通强国。构筑以高铁、航空为主体的大容量、高效率区际快速客运服务，提升主要通道旅客运输能力

资料来源：《2020-2025 年中国高速铁路行业市场前景及投资机会研究报告》。

（二）中国高速铁路的开通

2008 年 8 月 1 日，中国第一条具有完全自主知识产权和世界一流水平的高速铁路——京津城际铁路正式运营，北京至天津的时间距离由 2 小时缩短至 0.5 小时。京津城际铁路成为我国铁路建设史上的一座里程碑，标志着我国全面进入高铁时代。

2009 年 12 月 26 日，武广高速铁路正式运营，初期最高运营速度 350 千米/小时，运营里程达 1069 千米，武汉至广州的旅行时间由原来的 11 小时缩短至 3

小时左右。武广客运线是《中长期铁路网规划》中"八纵八横"高速铁路的"一纵",它的开通标志着中国正飞速进入高铁时代。2010年2月6日,郑西高速铁路正式运营。郑西高速铁路是"四纵四横"中"徐兰客运专线"的中段,是我国在湿陷性黄土区建设的首条高速铁路,全长523千米,设计时速为350千米。

2010年7月1日,沪宁城际铁路全线正式通车。沪宁城际铁路连接了上海市与南京市,是长江三角洲地区城际客运铁路线网的主骨架。2010年10月26日,沪杭高速铁路的正式开通运营为上海和杭州构筑了一条方便、快捷且载客量大的客运通道。沪杭高速铁路是沪昆高速铁路的重要组成部分,有效降低了客运压力,促进了长三角经济发展。2010年12月3日,"和谐号"CRH380A新一代高速动车组在京沪高速铁路试验,最高时速达486.1千米,创造了运营列车试验速度新纪录。截至2010年底,中国高铁运营里程达到8358千米,在建里程达到17000千米,均居世界第一[1]。

2011年6月30日,世界上首条一次性建成的里程最长、标准最高的京沪高速铁路正式运营,线路全长1318千米,运营时速350千米,初期运营时速300千米。京沪高速铁路连接了北方的京津冀城市群、山东半岛城市群和南方的长三角城市群,极大改善了出行条件。2011年12月26日,广深港高铁广深段正式营运。广深港高速铁路实现了与武广高速铁路、广珠城际铁路的无缝换乘,为旅客出行提供了极大的便利。

2012年12月1日,世界上第一条穿越高寒地区的哈大高速铁路开通运营。这是东北地区第一条高速铁路客运专线,线路全长921千米,设计时速350千米。哈大高速铁路极大缩短了辽宁沿海城市群、辽宁中部城市群、吉林中部城市群和哈大齐城市群四大城市群的时空距离,打开了相对封闭的产业经济圈,形成了新的哈大沿线产业带,推动了东北区域经济一体化发展。2012年12月26日,京广高速铁路全线贯通运营,全长2298千米,设计最高时速350千米。截至2020年6月,京广高速铁路成为世界上运营里程最长的高速铁路[2],北京到广州的旅行时间由20小时缩短至不到8小时。

2013年7月1日,杭甬高速铁路和宁杭客运专线正式开通,标志着以上海、杭州、南京为中心城市的长三角城市群高速铁路网络基本形成,实现1小时经济圈。2013年12月28日,被誉为"特区之虹"的厦深铁路正式通车,厦深铁路将厦门、深圳、汕头三个经济特区连接起来,成为贯穿长三角、珠三角和海峡西

① 资料来源:新华社,http://www.gov.cn/jrzg/2011-01/20/content_1788756.htm。
② 资料来源:京报网,https://news.bjd.com.cn/2022/12/26/10277616.shtml。

岸三大经济区的"黄金走廊",并为区域经济一体化创造了有利的条件。2013年,中国铁路营业里程突破 10 万千米,其中高铁运营里程突破 1 万千米①,成为铁路发展史上新的里程碑。

2014 年 12 月 26 日,兰新高速铁路、贵广高速铁路和南广高速铁路全线开通运营。兰新高速铁路被誉为"钢铁丝绸之路",是亚欧大陆桥铁路通道的重要组成部分;贵广高速铁路连接了贵阳与广州,是贵州最便捷的出海大通道,也是中国"八纵八横"高速铁路网兰(西)广通道的南端部分,旅行时间由 20 小时缩减至 4~5 小时,极大限度地压缩了西南地区与珠三角地区间的时间距离;南广高速铁路是华南地区的经济"大动脉",促使广西加速融入粤港澳"大珠三角"经济圈。2014 年,全年新线投产里程 8427 千米,创历史最高纪录,其中高速铁路投产里程超过 5000 千米。截至 2014 年底,高速铁路营业里程达到 1.6 万千米②。

2015 年 6 月 28 日,合福高速铁路正式开通运营。合福高速铁路被誉为"中国最美高铁",线路既途经铜陵、绩溪等历史悠久的城市,又途经黄山、武夷山等自然风景名胜,促进了沿线旅游业发展。2015 年 9 月 20 日,被誉为"东北最美高铁"的吉图珲高速铁路(长珲城际铁路)吉珲段正式运营,是中国东北地区城际铁路网的重要组成部分,提升了"一带一路"倡议的基础设施水平。2015年 12 月 26 日,成渝高速铁路开通运营,大大提高了西部两个中心城市的旅客运输能力,并形成 1 小时经济圈,对实现区域经济合作具有十分重要的作用。

2016 年,12 条高速铁路线路正式开通运营。2016 年 9 月 10 日,郑徐高速铁路正式开通运营,连接了河南省、安徽省和江苏省,是"八纵八横"高速铁路主通道之一的"陆桥通道"的重要组成部分。郑徐高速铁路加强了中原城市群和长三角城市群的联系,推动了旅游业发展。2016 年 12 月 28 日,沪昆高速铁路和南昆高速铁路正式开通运营。沪昆高速铁路全长 2252 千米,该线路缩短了东西地区之间的时间距离;南昆高速铁路是中国西南地区出海的"黄金走廊",促进了长江以南的东中西部地区互联互动,推动了区域经济优势互补协调发展。

2017 年 7 月 9 日,宝兰高速铁路正式运营,该线路连接了中国西北地区与中东部地区,打通了中国高铁横贯东西地区的"最后一公里",加强了西北地区与中东部地区之间的经济联系,对建设丝绸之路经济带具有很重要的战略意义。

---

① 资料来源:中华人民共和国交通运输部,https://www.mot.gov.cn/tongjishuju/tielu/201510/t20151016_1906139.html.

② 资料来源:中华人民共和国交通运输部,https://www.mot.gov.cn/tongjishuju/tielu/201510/t20151016_1906182.html.

2017 年 12 月 28 日，石济高速铁路石家庄至齐河段正式开通运营。石济高速铁路连接了石家庄和济南，是"八纵八横"高速铁路主通道之一的"青银通道"的重要组成部分，进一步推动了京津冀城市群和山东半岛城市群经济协调发展。

2018 年 9 月 23 日，广深港高速铁路香港段正式开通，运营里程仅 26 千米。该线路连接广州、东莞、深圳和香港特别行政区，不仅有效提升了广州至深圳间的客运能力，而且大大缩短了香港到内地的时间距离。香港到广州和深圳的时间分别为 30 分钟和 15 分钟，该线路与珠三角快速轨道网衔接，为珠三角城市群发展带来了新的活力。2018 年 12 月 25 日，中国"八纵八横"绥满通道组成部分的哈牡高速铁路全线开通。哈尔滨到牡丹江的旅行时间缩短至 2 小时以内，并构建了 2 小时经济圈，该线路的建成通车促进了中国与俄欧、日韩等国家经济发展互联互通，推动国内外产业转移，培育新的经济增长极，实现高水平对外开放。

2019 年，18 条高速铁路线路正式运营[①]。2019 年 12 月 16 日，成贵高速铁路全线建成通车，将临沂、赣州、毕节等多个革命老区和贫困地区接入全国高速铁路网，打通了四川至粤港澳大湾区、北部湾经济区的高速大通道，推动南向互联互动水平的提升。2019 年 12 月 30 日，京张高速铁路正式运营。该线路是"八纵八横"高速铁路主通道中"京兰通道"的重要组成部分，从自主设计修建零的突破，再发展到世界最领先水平，从 35 千米/小时到 350 千米/小时，见证了中国铁路的发展。智能的京张高铁是 2022 年北京冬奥会的重要配套工程，已成为一张亮眼的名片。

2020 年 12 月 12 日，郑太高速铁路全线正式开通运营，全线长 432 千米，设计最高速度 250 千米/小时，郑州至太原的旅行时间由 12 小时压缩至 2.5 小时。该线路贯穿了太行山，直接连通两个省的省会城市，加强了两个省的经济联系，带动了焦作的旅游业发展，促进了焦作与中原城市群的联系，对重塑产业布局具有重要的意义。2020 年 12 月 26 日，银西高速铁路全线运营。该线路促进了以西安为中心城市的关中城市群与以银川为中心城市的沿黄城市带的互通互联，促进了区域经济社会发展，推进了"一带一路"建设和西部大开发政策的实施。截至 2020 年底，我国高速铁路运营里程达 3.79 万千米，2020 年是全面建成小康社会和"十三五"规划收官之年，在已经过去的"十三五"时期，中国高速铁路飞速发展。在这一时期高速铁路运营里程由 1.98 万千米增加到 3.79 万千米，增长 91.4%，几乎翻了近一番，稳居世界第一[②]。

---

① 资料来源：搜狐网，https：//m. sohu. com/a/364072208_100023059.

② 国家铁路局 . 2020 年铁道统计公报［EB/OL］. 中华人民共和国交通运输部，［2021-04-19］. https：//www. mot. gov. cn/tongjishuju/tielu/202104/P020210419530519499260. pdf；陆娅楠，丁怡婷，邱超奕. 高铁里程 五年倍增（"十三五"，我们这样走过）［N］. 人民日报，2021-01-24（1）.

第二节　经济高质量发展的概况

一、经济高质量发展的基本概念

2017 年 10 月 18 日，中国共产党第十九次全国代表大会首次提出经济高质量发展这个概念，表明中国经济由高速增长阶段转向高质量发展阶段。经济高质量发展既是新阶段经济发展的客观要求，也是新时代新旧动能转换、解决社会主要矛盾的必然举措，更要立足于经济结构优化、配置效率提升、福利分配改善、环境污染降低等方面，实现以经济为先导和以社会、政治、生态为补充的多维度发展，并且具有十分鲜明的时代特征。从经济增长的过程来看，经济高质量发展是指经济结构的优化及经济保持平稳运行，表现为技术结构、产业结构、收入分配结构、消费结构以及人口结构等经济结构的变化。从经济增长的结果来看，经济高质量发展是指提升居民生活质量水平和福利水平，以及实现资源高效配置和绿色发展。

经济高质量发展是一种新的发展理念、一种新的经济发展方式、一种新的战略目标，是经济发展理论的重大创新。①新时代经济高质量发展是以"创新、协调、绿色、开放、共享"的新发展理念为指导，以创新发展解决发展动力问题，以协调发展解决发展不平衡问题，以绿色发展解决人与自然和谐问题，以开放发展解决内外联动问题，以共享发展解决社会公平正义。②经济高质量发展是一种新的经济发展方式，以高效率、高效益生产方式为全社会提供高质量产出，从依靠要素投入规模扩张的发展方式转变为依靠要素效率和全要素生产率提升的发展方式。③经济高质量发展是一种新的战略目标，经济增长的目标就是实现经济高质量发展，实现经济高质量发展必须建设现代化经济体系，坚持质量第一、效益优先，以供给侧结构性改革为主线，推动质量变革、效率变革、动力变革，提高全要素生产率，提升经济的竞争力。④经济高质量发展是新时代经济发展的理论创新。基于全局战略的高度，习近平总书记论述了经济高质量发展的科学内涵、时代特征和实现路径，为中国特色社会主义经济发展理论发展做出了创新性的贡献。

二、经济高质量发展的发展历程

党的十九大以来，国家重点强调通过深入实施重大区域发展战略、优化产业结构、推动科技创新、深化经济体制改革和扩大对外开放等方面实现经济高质量发展，并陆续颁布了关于推动中国经济高质量发展的政策文件（见表 3-3），可分为以下五个方面：

一是制定区域发展战略，立足资源禀赋，发挥比较优势，形成专业化分工，优化区域经济布局。同步深入实施京津冀协同发展、长江经济带发展、长三角区域一体化发展、粤港澳大湾区建设、黄河流域生态保护和高质量发展、西部大开发和东北振兴等国家区域发展大战略。2019 年 2 月，中共中央、国务院印发了《粤港澳大湾区发展规划纲要》。2019 年 12 月，中共中央、国务院印发了《长江三角洲区域一体化发展规划纲要》，这是继《粤港澳大湾区发展规划纲要》之后的又一个重量级纲领性文件，长三角区域是"一带一路"与长江经济带的重要交汇点。将长三角一体化上升为国家战略具有极大的区域带动和示范作用，并且同京津冀协同发展、长江经济带发展、"一带一路"建设、粤港澳大湾区建设相互配合，实现区域空间协同发展，优化区域空间布局。

二是推动产业结构优化，夯实产业基础，振兴实体经济，实现一二三产业协调发展。2017 年 11 月，国务院办公厅印发了《国务院办公厅关于创建"中国制造 2025"国家级示范区的通知》，鼓励和支持地方探索实体经济尤其是制造业转型升级的新路径、新模式。示范区要充分发挥地区产业优势，主动对接国家重大战略，科学确定制造业发展方向，营造产业链、创新链、人才链、政策链衔接贯通的生态环境，建设先进制造业体系。2018 年 12 月，国务院印发了《国务院关于加快推进农业机械化和农机装备产业转型升级的指导意见》，指出农业机械化和农机装备是转变农业发展方式、提高农村生产力的重要基础。2020 年 9 月，国务院办公厅印发了《国务院办公厅关于促进畜牧业高质量发展的意见》。

三是实施创新驱动发展战略，深化科技体制改革，加快推进自主创新，发展高新技术产业。近年来科技研发投入加大，我国陆续部署了一批重大项目和重点任务。2016 年 8 月，国务院印发了《"十三五"国家科技创新规划》，该规划的发展目标为自主创新能力全面提升、科技创新支撑引领作用显著增强、创新型人才规模质量同步提升、有利于创新的体制机制更加成熟定型、创新创业生态更加优化。充分发挥科技创新在推动产业迈向中高端、增添发展新动能、拓展发展新空间、提高发展质量和效益中的核心引领作用。从现在起到 2035 年，是我国现代化国家建设的第一阶段，科技创新是中国经济高质量发展的第一关键因素，面对国内外复杂的经济形势，中国利用特有的大国发展优势，坚持以科技创新支撑为引领，实现经济高质量发展。

四是深化经济体制改革，完善要素市场配置，优化营商环境，支持民营经济发展。深化经济体制改革，包括建设高标准市场体系、加快国资国企改革、深化财税体制改革、加快金融体制改革等。2019 年 12 月，中共中央、国务院印发了《中共中央　国务院关于营造更好发展环境支持民营企业改革发展的意见》，提出"坚持以供给侧结构性改革为主线，营造市场化、法治化、国际化营商环境""推动民营企业改革创新、转型升级、健康发展"。2020 年 4 月，中共中央、国务院发布了《中共中央　国务院关于构建更加完善的要素市场化配置体制机制的意见》，强调促进要素自主有序流动，提高要素配置效率，进一步激发全社会创造力和市场活力，推动经济发展质量变革、效率变革、动力变革。

　　五是扩大高水平对外开放，推动贸易发展方式转变，形成全面开放新格局。2020 年 11 月，国务院办公厅发布了《国务院办公厅关于推进对外贸易创新发展的实施意见》，强调推进贸易高质量发展，围绕构建以国内大循环为主体、国内国际双循环相互促进的新发展格局，加快推进"五个优化"和"三项建设"，培育新形势下参与国际合作和竞争新优势，实现外贸创新发展。

表 3-3　中国经济高质量发展相关政策梳理

政策分类	年份	政策	主要内容
区域发展	2018	《中共中央　国务院关于支持海南全面深化改革开放的指导意见》	赋予海南经济特区改革开放新使命，建设自由贸易试验区和中国特色自由贸易港，解放思想、大胆创新，着力在建设现代化经济体系、实现高水平对外开放、提升旅游消费水平、服务国家重大战略、加强社会治理、打造一流生态环境、完善人才发展制度等方面进行探索
	2019	《粤港澳大湾区发展规划纲要》	建设粤港澳大湾区，既是新时代推动形成全面开放新格局的新尝试，也是推动"一国两制"事业发展的新实践。为全面贯彻党的十九大精神，全面精确贯彻"一国两制"方针，充分发挥粤港澳综合优势，深化内地与港澳合作，进一步提升粤港澳大湾区在国家经济发展和对外开放中的支撑引领作用
		《长江三角洲区域一体化发展规划纲要》	长江三角洲（以下简称长三角）地区是我国经济发展最活跃、开放程度最高、创新能力最强的区域之一，在国家现代化建设大局和全方位开放格局中具有举足轻重的战略地位。推动长三角一体化发展，增强长三角地区创新能力和竞争能力，提高经济集聚度、区域连接性和政策协同效率，对引领全国高质量发展、建设现代化经济体系意义重大
	2020	《中共中央　国务院关于新时代推进西部大开发形成新格局的指导意见》	强化举措抓重点、补短板、强弱项，形成大保护、大开放、高质量发展的新格局，推动经济发展质量变革、效率变革、动力变革，促进西部地区经济发展与人口、资源、环境相协调，实现更高质量、更有效率、更加公平、更可持续发展

续表

政策分类	年份	政策	主要内容
产业结构	2017	《国务院办公厅关于创建"中国制造2025"国家级示范区的通知》	示范区制定实施的各项政策措施要对各类企业一视同仁,充分调动各方积极性,共同推动制造业转型升级,提高实体经济发展质量,打造国家核心竞争力,为实现制造强国目标奠定坚实基础
	2018	《国务院关于加快推进农业机械化和农机装备产业转型升级的指导意见》	以科技创新、机制创新、政策创新为动力,补短板、强弱项、促协调,推动农机装备产业向高质量发展转型,推动农业机械化向全程全面高质高效升级,走出一条中国特色农业机械化发展道路,为实现农业农村现代化提供有力支撑
	2019	《关于加快道路货运行业转型升级促进高质量发展的意见》	加快建设安全稳定、经济高效、绿色低碳的道路货运服务体系,促进道路货运行业高质量发展。①深化货运领域"放管服"改革;②推动新旧动能接续转换;③加快车辆装备升级改造;④改善货运市场从业环境;⑤提升货运市场治理能力
	2020	《国务院办公厅关于促进畜牧业高质量发展的意见》	加快构建现代畜禽养殖、动物防疫和加工流通体系,不断增强畜牧业质量效益和竞争力,形成产出高效、产品安全、资源节约、环境友好、调控有效的高质量发展新格局,更好地满足人民群众多元化的畜禽产品消费需求
科技创新	2018	《国务院关于推动创新创业高质量发展打造"双创"升级版的意见》	创新创业与经济社会发展深度融合,对推动新旧动能转换和经济结构升级、扩大就业和改善民生、实现机会公平和社会纵向流动发挥了重要作用,为促进经济增长提供了有力支撑
	2019	《国务院关于推进国家级经济技术开发区创新提升打造改革开放新高地的意见》	以高质量发展为核心目标,以激发对外经济活力为突破口,着力推进国家级经开区开放创新、科技创新、制度创新,提升对外合作水平、提升经济发展质量,打造改革开放新高地
	2020	《国务院办公厅关于提升大众创业万众创新示范基地带动作用进一步促改革稳就业强动能的实施意见》	支持高校毕业生、返乡农民工等重点群体创业就业,努力把双创示范基地打造成为创业就业的重要载体、融通创新的引领标杆、精益创业的集聚平台、全球化创业的重要节点、全面创新改革的示范样本,推动我国创新创业高质量发展

续表

政策分类	年份	政策	主要内容
科技创新	2020	《国务院关于促进国家高新技术产业开发区高质量发展的若干意见》	以培育发展具有国际竞争力的企业和产业为重点，以科技创新为核心着力提升自主创新能力，围绕产业链部署创新链，围绕创新链布局产业链，培育发展新动能，提升产业发展现代化水平，将国家高新区建设成为创新驱动发展示范区和高质量发展先行区
体制改革	2017	《国务院关于探索建立涉农资金统筹整合长效机制的意见》	探索建立涉农资金统筹整合长效机制，是发挥财税体制改革牵引作用、推进农业供给侧结构性改革的重要途径，是加快农业现代化步伐和农村全面建成小康社会的有力保障
	2019	《中共中央 国务院关于营造更好发展环境支持民营企业改革发展的意见》	营造市场化、法治化、国际化营商环境，保障民营企业依法平等使用资源要素、公开公平公正参与竞争、同等受到法律保护，推动民营企业改革创新、转型升级、健康发展，让民营经济创新源泉充分涌流，让民营企业创造活力充分迸发
	2020	《国务院办公厅关于印发全国深化"放管服"改革优化营商环境电视电话会议重点任务分工方案的通知》	部署进一步深化"放管服"改革，加快打造市场化法治化国际化营商环境，不断激发市场主体活力和发展内生动力。各地区要完善深化"放管服"改革和优化营商环境工作机制，一体化推进相关领域改革，配齐配强工作力量，抓好各项改革任务落地。各部门要结合各自职责，加强协同配合，形成改革合力
		《中共中央 国务院关于构建更加完善的要素市场化配置体制机制的意见》	扩大要素市场化配置范围，健全要素市场体系，推进要素市场制度建设，实现要素价格市场决定、流动自主有序、配置高效公平，为建设高标准市场体系、推动高质量发展、建设现代化经济体系打下坚实制度基础
对外开放	2018	《国务院关于积极有效利用外资推动经济高质量发展若干措施的通知》	实行高水平投资自由化便利化政策，对标国际先进水平，营造更加公平透明便利、更有吸引力的投资环境，保持我国全球外商投资主要目的地地位，进一步促进外商投资稳定增长，实现以高水平开放推动经济高质量发展
		《关于扩大进口促进对外贸易平衡发展的意见》	为贯彻落实党中央、国务院关于推进互利共赢开放战略的决策部署，更好发挥进口对满足人民群众消费升级需求、加快体制机制创新、推动经济结构升级、提高国际竞争力等方面的积极作用，在稳定出口的同时进一步扩大进口，促进对外贸易平衡发展，推动经济高质量发展，维护自由贸易

续表

政策分类	年份	政策	主要内容
对外开放	2019	《中共中央 国务院关于推进贸易高质量发展的指导意见》	大力优化贸易结构，推动进口与出口、货物贸易与服务贸易、贸易与双向投资、贸易与产业协调发展，促进国际国内要素有序自由流动、资源高效配置、市场深度融合，促进国际收支基本平衡，实现贸易高质量发展
	2020	《国务院办公厅关于推进对外贸易创新发展的实施意见》	加快推进国际市场布局、国内区域布局、经营主体、商品结构、贸易方式等"五个优化"和外贸转型升级基地、贸易促进平台、国际营销体系等"三项建设"，培育新形势下参与国际合作和竞争新优势，实现外贸创新发展

资料来源：中国政府网，www.gov.cn。

第三节 本章小结

本章分别从高速铁路的概念和发展历程以及经济高质量发展的概念和发展历程的两个方面，分析了本书的研究背景。

一是界定了高速铁路的相关概念，并揭示了世界高速铁路、中国高速铁路和经济高质量发展的发展历程。高速铁路是一个具有国际性和时代性的概念，而且"高速铁路"的定义在不同时期、不同国家均有所差异。中国对高速铁路的定义分为狭义和广义的含义。1964年日本新干线和1981年法国TGV东南线的成功运营标志着世界铁路的客运发展进入了高速时代，2008年8月1日，中国高速铁路京津城际铁路正式运营，标志着我国全面进入高铁时代。虽然中国高铁建设起步较晚，但是目前中国已成为世界上高铁运营里程最长、在建规模最大、运输密度最高、运行速度最快、成网运营场景最复杂的国家。

二是阐述了经济高质量发展的相关概念和发展历程，2017年10月18日，中国共产党第十九次全国代表大会首次提出经济高质量发展这个概念，经济高质量发展具有鲜明的时代特征，是以创新、协调、绿色、开放、共享的新发展理念为指导的新时代经济发展的高水平状态。党的十九大以来，国家陆续颁布了关于推动中国经济高质量发展的政策文件，强调通过深入实施重大区域发展战略、优化产业结构、推动科技创新、深化经济体制改革和扩大对外开放五个方面实现经济高质量发展。

第四章 高速铁路影响经济高质量发展的理论分析

高速铁路开通产生了"时空压缩效应"和"边界突破效应",极大地促进了劳动力、资本等生产要素在区域之间快速流动,提高了要素资源配置效率,加强了生产性服务业产业链上的企业和产业链前后关联的企业实现交流与合作,带动了技术和知识等要素在区际之间交换,从而推动经济高质量发展。首先,本章基于新经济增长理论的研究思路就高速铁路对经济增长的影响进行简要的数理分析,说明了高速铁路促进经济增长,并且在高速铁路影响下经济增长存在空间溢出效应;其次,本章构建模型分析了高速铁路的要素配置效应、服务业变迁效应以及技术创新效应,并结合相关文献从要素丰裕程度、服务业结构变迁和技术创新驱动三个视角详细地阐述了高速铁路影响经济高质量发展的传导机制,并为后续实证研究提供理论依据。

第一节 高速铁路影响经济增长的模型分析

高速铁路相比其他交通工具,对于区域经济发展起到了至关重要的作用。高速铁路作为区域内和区域间经济关系的纽带,具有显著的外部性和网络性,高速铁路开通不仅能够重塑高速铁路沿线城市的空间格局,同时还加强了城市之间的经济联系强度,促进经济发展。一方面,高速铁路加速了生产要素向中心城市集聚,产生了"极化效应",对于经济基础雄厚的中心城市会进一步提升区位优势,并成为高铁线路的聚集点,然而边缘城市却会面临负向影响,即信息流、技术流、资金流向中心城市转移,使经济落后的边缘地区经济不断衰退,产生了负向溢出效应。另一方面,高速铁路具有显著的网络性特征,高速铁路开通将各个区域的中心城市紧密地连接起来,促使城市的边界不断外溢,产生了"扩散效应",辐射范围进一步拓展,促使中心区域的知识、信息和技术不断地向外围区域扩散和溢出,加强了中心区域和相邻区域的联系,形成正向溢出效应。综上所述,高速铁路通过生产要素流动产生了"扩散效应"和"极化效应",加强了中心区域和周边区域的联系,在长期中实现了区域经济增长的收敛效应。因此,在分析高速铁路对经济发展的影响时，分别考虑加入空间因素和不加入空间因素两种情况。

为了研究高速铁路对经济发展的影响及其空间溢出效应，本书借鉴 Boarnet 的做法[120]，构建了包括高速铁路变量的经济增长模型。假设条件：一个经济体由 M 区域和 N 区域构成，两个区域市场是完全竞争的，并且拥有相同数量的资本和劳动力要素禀赋，经济产出水平是由资本要素、劳动要素投入所决定的。从短期来看，资本要素和劳动力要素是完全没有弹性的；从长期来看，在市场机制的影响下，资本要素、劳动力要素可以在两个区域之间实现充分自由流动。对于经济产出水平而言，基准的经济增长模型为：

$$Y = \alpha(G)F(K, L) \tag{4-1}$$

新经济增长理论认为技术进步是内生的，当产品市场和要素市场不再处于完全竞争时，随着资本存量的增加，其边际生产率不会递减至零，规模报酬递增能够保证经济实现可持续增长，当引入技术进步 A 之后，能够促进经济产出的提升，此时经济增长模型为：

$$Y = A\alpha(G)F(K, L) \tag{4-2}$$

公式（4-1）和公式（4-2）中，Y 表示经济产出水平，A 表示技术进步，G 表示公共部门资本存量，K 表示私人部门资本存量，L 表示劳动要素投入。

新经济地理理论打破了传统经典理论关于规模收益不变和完全竞争、要素流动交易成本为零的假定，将运输成本作为影响要素流动的一个重要因素，即生产要素在不同城市之间的流动存在交易成本。Boarnet 的原始模型中资本存量只分为公共资本存量 G 与私人资本存量 K，本书借鉴张学良的做法[121]，将高速铁路资本从公共资本中分离出来分析高速铁路对经济发展的影响，因此此时经济增长模型为：

$$Y = A\alpha(K_g)\beta(H)F(K, L, X) \tag{4-3}$$

公式（4-3）中，K_g 表示除了高速铁路以外的公共部门资本存量，H 表示高速铁路投资，X 表示影响经济产出水平的因素的向量集，包括人力资本、城镇化水平、政府干预程度、对外开放程度等新经济增长与新经济地理等因素。在公式（4-3）中，需要满足以下四个条件：

$$\alpha'(K_g) > 0 \tag{4-4}$$

$$\beta'(H) > 0 \tag{4-5}$$

$$F'_K = \frac{\partial F(K, L, X)}{\partial K} > 0, \quad F''_{KK} = \frac{\partial F'_K}{\partial K} = \frac{\partial F^2(K, L, X)}{\partial K^2} < 0 \tag{4-6}$$

$$F'_L = \frac{\partial F(K, L, X)}{\partial L} > 0, \quad F''_{LL} = \frac{\partial F'_L}{\partial L} = \frac{\partial F^2(K, L, X)}{\partial L^2} < 0 \qquad (4-7)$$

在公式（4-4）和公式（4-5）中，K_g 和 H 的一阶偏导数大于 0，这表示当资本要素和劳动力要素投入不变时，增加其他要素投入能够提高经济产出水平。在公式（4-6）和公式（4-7）中，对于资本要素和劳动力要素而言，一阶偏导数大于 0，二阶偏导数小于 0，表示各个要素的边际效应大于零且边际收益递减。公共部门资本存量是外生的，资本要素和劳动力要素的边际产出如公式（4-8）和公式（4-9）所示：

$$\frac{\partial Y}{\partial K} = A\alpha(K_g)\beta(H)F'_K(K, L, X) \qquad (4-8)$$

$$\frac{\partial Y}{\partial L} = A\alpha(K_g)\beta(H)F'_L(K, L, X) \qquad (4-9)$$

要素供给和需求达到均衡状态时，要素价格等于要素的边际产出收益，M 区域的资本要素价格和劳动力要素价格如公式（4-10）和公式（4-11）所示：

$$w_M = PA\alpha(K_{gM})\beta(H)F'_K(K_M, L_M, X_M) \qquad (4-10)$$

$$r_M = PA\alpha(K_{gM})\beta(H)F'_L(K_M, L_M, X_M) \qquad (4-11)$$

其中，w_M 表示 M 区域的资本要素价格，r_M 表示 M 区域的劳动力要素价格，P 表示产品的价格，K_{gM} 表示 M 区域的公共部门资本存量，K_M 表示 M 区域的私人部门资本存量，L_M 表示 M 区域的劳动要素投入。

假设 M 区域加大对高速铁路投资，短期内 M 区域的资本要素价格和劳动力要素价格变为：

$$w_M = PA\alpha(K_{gM})\beta(H + \Delta H)F'_K(K_M, L_M, X_M) \qquad (4-12)$$

$$r_M = PA\alpha(K_{gM})\beta(H + \Delta H)F'_L(K_M, L_M, X_M) \qquad (4-13)$$

$$w_M > w_N; \quad r_M > r_N \qquad (4-14)$$

从公式（4-12）和公式（4-13）可知，M 区域加大对高速铁路投资后，M 区域的资本要素价格 w_M 和劳动力要素价格 r_M 均有所提高，M 区域的交通基础设施投入的增加将通过要素价格上涨使工人和私人资本所有者受益。从长期来看，要素价格差异会导致资本和劳动力由 N 区域向 M 区域流动。当私人部门资本和劳动力由 N 区域向 M 区域流动时，会对私人部门资本和劳动力的边际产出产生一定的影响，进而影响工资和资本要素价格，重新形成均衡状态，资本可在区域间自由流动，即存在如下的长期均衡条件：

$$w_M^* = w_N^*; \quad r_M^* = r_N^* \qquad (4-15)$$

其中，w_M^* 和 w_N^* 分别表示 M 区域和 N 区域重新达到长期均衡时的资本要素价格，r_M^* 和 r_N^* 分别表示 M 区域和 N 区域重新达到长期均衡时的劳动力要素价格，此时 M 区域和 N 区域的经济增长模型为：

$$Y_M = A\alpha(K_{gM})\beta(H+\Delta H)F(K_M+\Delta K,\ L_M+\Delta L,\ X_M+\Delta X) \qquad (4-16)$$

$$Y_N = A\alpha(K_{gN})\beta(H)F(K_N-\Delta K,\ L_N-\Delta L,\ X_N-\Delta X) \qquad (4-17)$$

其中，ΔH 为增加的高速铁路投资，ΔK 表示资本要素流动的数量，ΔL 表示劳动力要素流动的数量，ΔX 表示影响经济产出水平的因素变动的数量。当增加了高速铁路投入时，高速铁路产生的空间外部性使资本要素和劳动力要素提高了流动性，此时两个区域的资本要素和劳动力要素的边际产出收益均有不同程度的增加，N 区域要素的边际产出收益增加，M 区域要素的边际产出收益增加得更多。

由于高速铁路具有外部性和网络性等明显特征，外部性特征促使资本要素和劳动力要素的流动性得到提升，生产要素在不同地区不断进行聚集与扩散，最终实现资源要素禀赋合理配置，网络性特征使各个地区经济活动紧密地联系在一起，高速铁路沿线城市通过极化效应促使边缘城市的要素向中心城市集聚，或是通过扩散效应带动相邻城市经济发展。因此，高速铁路对经济增长带来了积极的影响，并且在高速铁路影响下经济增长存在空间溢出效应。

第二节　高速铁路影响经济高质量发展的传导机制——三个视角

高速铁路开通能够缩短城市之间的时空距离，降低运输成本和交通成本，扩大资本、劳动力等经济要素在城市间的流动范围，使各类资源在交通网络内实现重新配置，吸引了大量生产性服务企业集聚在沿线城市，加快了高层次技术人才在区域之间的流动，并产生知识流和信息流，促进知识溢出和扩散，加强了城市之间经济联系的紧密程度，有助于实现区域经济一体化发展，最终推动经济高质量发展。经济高质量发展既是未来中国城市发展的必然要求，也是学术研究的热点，因此推动经济高质量发展具有重要意义[122,123]。本节试图从要素丰裕程度、服务业结构变迁和技术创新驱动三个视角对高速铁路影响经济高质量发展进行阐述。

一、要素丰裕程度

高速铁路开通提高了城市之间的可达性，可达性的提高加快了劳动力、资本等经济要素的快速流动，使沿线区域在更短时间内实现了要素在更广范围的有效衔接和交换流动，带动了城市之间各种要素资源的互补互动，促使更多的要素资源投入国内经济大循环中，通过对要素资源的合理配置促使经济效益呈几何级数增长[124,125]。一方面，时间成本的降低为商品交换和旅客流动节约了时间，促进城市间经济联系，有助于实现区域经济一体化；另一方面，由于高速铁路网络建设的非均衡性，在很大程度上改变了城市交通区位条件，导致各地区"相对区位"的变化幅度不一致[126]。高速铁路建设产生非均衡时空收敛效应，将推动各种生产要素在市场经济的引导下重新进行空间配置，形成了"要素重组效应"，并进一步对区域经济格局和空间布局产生影响[127]。高速铁路通过改变不同地点的可达性进而引起城市之间时空收缩，降低了运输成本，提升了要素聚集和辐射能力，使城市间融合程度增强。

（一）高速铁路开通优化劳动力结构

高速铁路的开通提高了城市的可达性水平，加快了劳动力流动，扩大了劳动力的工作搜寻范围，其竞争优势在 1~3 小时之内[128]，促使劳动力通过增加通勤距离寻找到更多更好的就业机会，提高了劳动力供给与需求的匹配，从长远来看，能够解决资源配置不合理、社会就业不充分和收入分配不平衡等问题。高速铁路的开通扩大了劳动要素在中心城市和周边城市之间流动的范围，促使经济基础雄厚的中心城市成为高铁线路的聚集点，并影响沿线城市的经济分布，这势必会进一步加快优质劳动力要素在中心城市不断地集聚，强化中心城市的集聚水平而降低周边城市对要素的吸引力，形成"集聚—优化—再集聚"的良性循环，产生"极化效应"，当高速铁路网络发展到一定程度时，高速铁路开通促使中心城市向边缘城市释放更多的要素资源，促进要素资源的快速整合，并产生"扩散效应"，从而在"极化效应"和"扩散效应"共同作用下，劳动力要素通过内生化和外在化相互作用影响经济波动。高速铁路开通能够为城市提供丰富的劳动力要素，提高劳动力要素丰裕程度，增强城市的经济实力，从而助力经济高质量发展。

（二）高速铁路开通优化资本结构

良好的交通运输条件是资本进行区位选择时重点考虑的因素。一方面，高速铁路开通提升了区域通达性，促使资本要素随着劳动力同方向流动，这有助于改善营商环境，凸显地区间的比较优势，打破市场分割，提升整个区域市场的开放度，解决资源匮乏、要素供给不足等问题，对城市经济增长具有积极的促进作用。另一方面，完善的交通基础设施连通了产品和市场的中间环节，扩大了市场范围，提升了交换能力，在增加对产品需求量的同时，促使需求结构变动。大规模的高速铁路建设能够释放更多的铁路资源，提高货运能力，这能够为企业顺利生产和需求提供有利条件,更重要的是能够通过大规模运输原材料和产成品,为企业大规模生产创造条件,使社会整体上生产效率和收入水平得以大幅度提升。王雨飞和倪鹏飞的研究中也指出高速铁路开通改变了区域和城市结构,促进要素资源在城际快速流动,从而利于市场规模的扩大。只有存在较大的市场规模,才能真正发挥技术进步在降低成本上的优势,从而带动区域经济发展[48]。

综上所述,高速铁路开通能够缩短城市之间的时空距离,使区域空间格局由地理距离转向时间距离,降低了运输成本和交通成本,扩大了资本、劳动力等经济要素在城市间的流动范围,使各类要素资源在交通网络内实现有效配置,对区域空间结构重构和经济布局均产生重要影响,促进城市之间经济和社会的紧密联系,有助于区域经济一体化发展,最终在长期中推动经济实现均衡发展。图4-1展示了高速铁路开通通过要素丰裕程度影响经济高质量发展的传导过程。

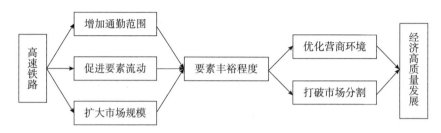

图4-1 高速铁路开通通过要素丰裕程度影响经济高质量发展的传导过程
资料来源:笔者根据相关资料整理。

二、服务业结构变迁

高速铁路是产业转型的"催化剂",形成"区位强化效应",促进城市重新定位,并且对服务业结构变迁产生直接影响。由于高速铁路是客运设施,以服务业为代表的第三产业对客运交通的便利性更为敏感,相比没有开通高速铁路的城市,开通高速铁路的城市能够获得更多的房地产、旅游业等信息,沟通与联系也越来越紧密[129]。高速铁路开通促进了经济活动频繁往来,有利于生产性服务业产业链上的企业和产业链前后关联的企业实现交流与合作,显著提升了生产性服务业集聚。高端服务业是生产性服务业的核心部分,属于高科技、知识密集型服务业,高速铁路降低了企业之间的通勤成本、沟通成本和交易成本,扩大了高端服务业的辐射范围并提升了市场发展潜力,从而打破了城市间的空间壁垒,即使远距离也能够实现企业之间的高效率合作,进一步提升城市竞争力以吸引各种不同的高端服务业企业入驻[130],不仅提高了高端服务业比重,还促使服务业内部结构升级，从而助推经济高质量发展。推进服务业结构优化是保持经济高质量发展的关键，面临结构性扭曲、经济增速放缓、要素资源空间错配等问题时，要实现经济高质量发展，就必须推进服务业结构优化，而高速铁路发展正好提供了这一契机。

（一）高速铁路开通的产业关联效应

高速铁路开通降低了企业之间的交易成本和生产成本，促使上下游厂商之间联系更加紧密，这是因为下游企业对上游企业的产品需求较大，促使上游企业形成规模经济，将上下游联系的产业集聚在一起，可以降低运输成本，并减少中间投入品的在途损耗，生产性服务业越来越显现出区域集聚和产业集聚的形势，这是"前向联系"和"后向联系"两种力量共同形成产业向心力作用的结果[131,132]。新经济地理理论指出，服务业集聚能够形成中间投入品的专业化市场，通过上、下游产业之间的投入产出关联形成横向与纵向的相互协作，并能够更好地发挥产业链中各个企业的比较优势，产生规模经济效应[133]，不仅有利于下游厂商提供品种多样的便捷服务，还能够优化要素投入结构和降低生产成本，还提高了其与整个经济部门之间的协同效率，有助于提高生产性服务业与整个经济部门之间的协同效率，并驱动城市经济增长[134,135]。

（二）高速铁路开通的专业分工效应

高速铁路作为区域内和区域间经济关系的纽带，具有显著的外部性和网络性，能够提高产业分工的深度。近年来，交通基础设施建设规模不断扩大，尤其是高速铁路的建设。高速铁路的建设打破了城市间经济联系的地理空间限制，加速了产业梯度转移，引导产业向高附加值、高技术含量方向发展，推动了高端服务业提供更为专业化和差异化的服务，进一步提升城市的竞争力以吸引各种不同的高端服务业企业入驻形成集聚，重塑区域城市地位。对于大城市而言，随着城市规模的扩大，发展模式逐渐由专业化向多样化转变。多样化集聚需要在具有一定人口规模的城市才能得以发挥，这是因为较大城市的潜在高端市场具有多样化、综合性的服务需求，并且拥有雄厚的资金、先进的技术以及高层次人才等资源，推动了产业多样化发展，满足需求多样化，进而影响规模经济的形成，对区域城市体系的动态变化产生了重要影响，形成了更为合理的产业空间布局，实现区域经济一体化，推动经济高质量发展。

综上所述，高速铁路建设提高了可达性，促进了区域一体化，扩展了生产性服务业企业的空间影响范围，加速了产业梯度转移，有利于生产性服务业产业链上的企业和产业链前后关联的企业实现交流与合作，促进生产性服务业提供专业化和差异化的服务，有助于提升城市服务业产出水平和效率，推动服务业结构变迁，促进经济高质量发展。图 4-2 展示了高速铁路开通通过服务业结构变迁影响经济高质量发展的传导过程。

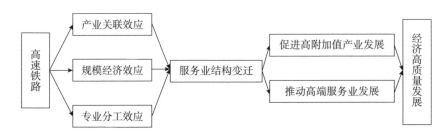

图 4-2　高速铁路开通通过服务业结构变迁影响经济高质量发展的传导过程
资料来源：笔者根据相关资料整理。

三、技术创新驱动

高速铁路作为现代交通基础设施的重要组成部分，其快速发展必将推动区域技术创新。这是因为高速铁路的大规模建设突破了地理区位的空间限制，改变了传统区域间经济模式，提高了城市之间获取知识、技术的便捷性，产生了溢出效应，带动了城市创新水平的提升[136]。

（一）高速铁路开通与知识溢出效应

高速铁路开通标志着"陆地飞行"时代的开始，具有速度快、载客量大、准点率高、安全性好等优势，其加快了企业家和科研工作者在区域之间的流动，满足了那些对于时间具有较强敏感性的高素质人才流动的需求。高速铁路增加了跨地区的面对面交流的频率[137]，高素质人才作为知识和技术的重要载体在区域之间的流动不仅能够产生"知识流"和"信息流"，还能够促进知识溢出和扩散。高速铁路开通加速了"软信息"的传播速度，这对于创新发展更为重要。这是因为软信息是难以被记录和存储的，而且是无法通过书面方式进行传递的特有信息，企业家必须通过实地调研和面对面交谈才能获得[138,139]。新知识和新信息的传播过程也是创新产生的过程，因为知识显著区别于其他资本，它的传播是双向的，有利于不同创新主体之间在交流中互相学习到更多的知识，在面对面的交流中产生"头脑风暴"而迸发出新创意和新思想，增强了知识的空间溢出效应，促进知识的不断衍生，提高城市自主创新能力。

（二）高速铁路开通与技术溢出效应

高速铁路的技术溢出通过企业之间的技术人员互相交流、互相学习可以实现。高速铁路开通缩短了城市之间的通行时间，加强了企业技术人员面对面交流的频率，降低了企业获得先进技术和市场信息的成本，激发了企业不断更新技术和研发创新，避免在竞争中失去优势，从而增强了创新主体之间的相互模仿行为。中心地区的先进企业具备先进的管理制度及理念，在技术研发、管理能力等方面均具有显著的优势，并且十分重视对技术人员和管理人员的培训，而边缘地区的后进企业在技术创新方面存在一定的劣势，高速铁路开通降低了中心城市技术溢出的成本，进一步强化了边缘城市在交通网络中的地位[140]，为边缘地区企业提供了足够的机会去模仿和学习先进企业的管理经济和技术创新理念，技术溢出效应便会产生，有利于提高后进企业的技术创新能力，逐渐减弱了中心城市与边缘城市之间存在的技术差距。高速铁路在技术传播和扩散过程中发挥了非常突出的作用，经济基础雄厚的中心城市将成为高速铁路线路的聚集点，高速铁路开通进一步增强了中心城市和边缘城市之间的联系，能够促进中心城市技术外溢到外围城市，技术流、信息流和资金流将沿着高速铁路线路逐渐扩散和转移[141-143]，有利于城市创新活动的开展并促进经济高质量发展。

综上所述，高速铁路压缩了时空距离，增加了高素质人才和企业技术人员面对面交流的频率，提高了城市之间获取知识和技术的便捷性。图4-3展示了高速铁路开通通过技术创新驱动影响经济高质量发展的传导过程。

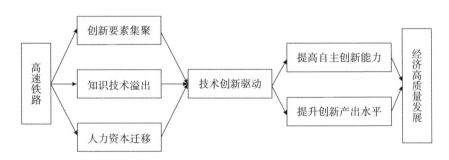

图4-3　高速铁路开通通过技术创新驱动影响经济高质量发展的传导过程

资料来源：笔者根据相关资料整理。

由以上高速铁路开通对经济高质量发展的传导机制可知，高速铁路能够提高地区之间的可达性，缩小城市之间的时空距离，使区域空间格局由地理距离转向时间距离，高速铁路依托其较高水平的技术进步形成了"要素重组效应""区位强化效应"和"知识溢出效应"，并提升了要素丰裕程度、促进了服务业结构变迁和提高了技术溢出水平，推进经济高质量发展。高速铁路开通对经济高质量发展的传导机制是一个复杂的过程，各环节相互影响。本书试图通过实证分析来检验路径中的每一个环节，结合上文分析，认为高速铁路分别通过要素丰裕程度、服务业结构变迁和技术创新驱动影响经济高质量发展，因此本书将基于这三个视角对高速铁路开通影响经济高质量发展的传导机制进行实证检验。

第三节　本章小结

本章首先通过构建简单的数理模型分析了高速铁路对经济增长的影响，然后从要素丰裕程度、服务业结构变迁和技术创新驱动三个维度阐述了高速铁路对经济高质量发展的传导机制，为后续实证分析的章节奠定了基础。

第一，通过简单的数理模型分析高速铁路对经济增长的影响及其空间溢出效应。本书借鉴 Boarnet 和张学良的做法，基于新经济地理理论模型构建了包含高速铁路变量的经济增长模型，并将高速铁路资本从公共资本中分离出来，通过数理模型的推导证明了高速铁路显著促进了本地区和相邻地区的经济增长，这表明在时空压缩背景下经济增长存在空间溢出效应。在后续章节中，利用双重差分模型实证检验高速铁路对经济高质量发展的影响，并将高速铁路产生的时空压缩效应纳入传统的经济模型分析中，利用空间计量模型实证检验高速铁路影响下的经济高质量发展空间溢出效应。

第二，阐述了高速铁路影响经济高质量发展的传导机制的三个视角。一是要素丰裕程度，厘清高速铁路通过要素丰裕程度影响经济高质量发展的作用机制，这体现在高速铁路开通提高了城市之间的可达性，加快了劳动力、资本等经济要素的快速流动，带动了城市之间各种要素资源的互补互动，通过要素资源的合理配置促使经济效益呈几何级数增长。二是服务业结构变迁效应，阐述了高速铁路通过服务业结构变迁影响经济高质量发展的作用机制，这体现在高速铁路开通打破了城市间的空间壁垒，提升了城市竞争力，并且吸引生产性服务业在高速铁路沿线城市集聚，促使服务业内部结构升级，从而助推经济高质量发展。三是技术创新效应，阐述了高速铁路通过技术创新驱动影响经济高质量发展的作用机制，这体现在高速铁路开通使城市之间获取知识和技术更加便捷，拓宽了知识和技术的溢出范围，有利于城市创新活动的开展并促进经济高质量发展。高速铁路开通对经济高质量发展的传导机制是一个复杂的过程，各环节相互影响。后续章节试图通过构建中介效应模型实证检验传导机制的三个视角。

第五章　经济高质量发展指标体系的构建与测度

中国经济高质量发展为今后我国经济发展指明了方向、提出了任务，具有重大现实价值和深远历史意义。目前，中国经济高质量发展现状如何？各个地区经济高质量发展水平又表现出怎样的差异？为了回答上述现实问题，本章在深刻理解经济高质量发展内涵的基础上构建了经济高质量发展指标体系。本章首先回顾了测度全要素生产率的文献，其次选择国际上最新发展起来的 Färe-Primont 指数法测算了全要素生产率以表征中国经济高质量发展水平，从不同地区和不同规模城市来讨论经济高质量发展的空间异质性。主要包括以下内容：①引言；②回顾全要素生产率测算方法，通过梳理已有文献，选择合适的测算方法；③构建经济高质量发展指标体系，对投入变量和产出变量的选择进行说明；④根据 Färe-Primont 指数方法测算中国经济高质量发展指数及其分解指数，探究经济高质量发展的空间异质性。

第一节　引言

新中国成立 70 多年来，中国经济发展经历了蓄力阶段（1949~1977 年）、增长阶段（1978~2011 年）、换挡阶段（2012 年至今）这三个阶段。在蓄力阶段，经济发展在数量和规模上实现了从无到有，重工业得到迅速发展，工业生产体系逐渐完善；在增长阶段，经济发展在数量上实现了由少到多的转变，经济体制由计划经济体制向市场经济体制转变，对外政策从封闭向全方位开放转变，城乡居民收入增加，人民生活水平显著提高；在换挡阶段，经济发展由高速增长向高质量发展转变，发展方式由粗放型发展模式向集约型发展模式转变。历经这三个阶段的不断积累，我国经济高质量发展的内涵愈加丰富。

经济高质量发展的内涵首先要把握好"我国经济已由高速增长阶段转向高质量发展阶段"的判断，这一重大判断强调经济从高速度到高质量、从增长到发展的转变，经济高质量发展不仅要注重经济数量的增长，还更加注重经济发展的整体性和平衡性，需要不断调整和优化产业结构、保护资源环境、缩小收入差距等，强调经济、政治、社会、文化、生态五位一体的全面发展。经济高质量发展是指在一个时期内国家经济保持健康发展，高质量型经济增长模式逐渐被重视，而数量型经济增长模式逐渐被摒弃，由关注数量向关注质量转变，以共享经济发展成果、提高社会福利水平、促进文化繁荣、改善资源环境为目标，实现以经济发展为先导，以社会、文化、生态领域发展为补充的多方位、多层次的发展。在经济高质量发展指标测度方面，部分文献采用劳动生产率来表征经济高质量发展，或者单纯以资本和劳动力为投入指标、人均 GDP 为产出指标计算得出的全要素生产率表示经济高质量发展，这些指标虽具有一定成效，却存在片面性和局限性，难以全面地反映经济高质量发展的内涵。近年来，学者们更偏向构建指标体系来测度经济高质量发展水平，采用等权重赋值法来确定各个基础指标所占权重，然而经济高质量发展指标体系存在缺乏顶层设计、未能体现高质量发展内在要求、指标不可计量、指标数据测算歧异较大等现实问题，在一定程度上降低了评价分析结果的科学性和准确性。

本章余下内容安排如下：第二节测算方法的回顾与选择，包括全要素生产率测算法的回顾和测算方法的选择；第三节经济高质量发展指标体系构建，包括指标体系构建、变量说明和数据来源；第四节经济高质量发展测算结果分析，包括中国经济高质量发展指数及其分解指数的时序演变分析和分地区、分城市和代性城市经济高质量发展的时序演变分析；第五节为本章小结。

第二节　测算方法的回顾与选择

全要素生产率是评判一个国家经济高质量发展水平的重要指标，全要素生产率是指资本和劳动等要素投入之外的技术进步和能力实现等导致的产出增加，它无法直接被观测到，只能被间接地衡量，本节回顾了测度全要素生产率的方法，并选择了测算经济高质量发展指标的方法。

一、测算方法的回顾

全要素生产率用来刻画所有要素投入组合的产出效率[144-146]。对于全要素生产率的测度，传统方法是索洛余值法（SRA），目前学术界一般采用参数模型随机前沿分析法（SFA）和数据包络分析法（DEA）。SRA 法采用增长核算方法，用总产值增长率分别减去各要素产出弹性与要素投入增长率乘积后的剩余来表示全要素增长率的大小，将产出增长中要素投入贡献以外的部分全部归结为技术进步的结果，这与现实不符。SFA 法是一种参数的估计方法，是一种随机性前沿法，考虑了随机因素对生产率和效率的影响。DEA 法是一种非参数的估计方法，是一种确定性前沿法，该方法不用事先设定生产函数，避免了函数形式误设的问题[147-150]。以下详细介绍了随机前沿分析法（SFA）和数据包络分析法（DEA）。

（一）随机前沿分析法（SFA）

许多学者采用随机前沿分析法测度了全要素生产率，从已有关于全要素生产率的文献来看，其中周晓艳和韩朝华选用超越对数函数的随机前沿模型估算了 1990～2006 年省际生产效率，并分解了全要素生产率增长率[151]。王志平运用随机前沿超越对数生产函数测度了 2000～2006 年省际全要素生产率和生产效率，分析了影响生产效率的因素[152]。吴建新分别采用传统的转换份额分析法和随机前沿分析法分析了省际要素配置效率对劳动生产率和全要素生产率的影响[153]。谌莹和张捷基于超越对数生产函数和随机前沿模型测度了 1995～2012 年中国 29 个省份绿色全要素生产率[154]。茹少峰和魏博阳运用随机前沿生产函数测度了 1990～2015 年中国全要素生产率，认为提高劳动生产率和全要素生产率能够实现经济高质量发展[155]。

随机前沿分析最早由 Farrell 提出，他认为并不是每一个生产者都处在生产函数的前沿上，大部分生产者的效率与最优生产效率有一定的差距，即存在技术无效率（Technical Inefficiency）[156]。受到 Farrell 的启发，Aigner 和 Chu 提出了前沿生产函数模型，将生产者效率分解为技术前沿（Technological Frontier）和技术效率（Technical Efficiency）两个部分，技术前沿描述了投入产出函数的边界[157]；技术效率表明了个别生产者实际技术与技术前沿的差距。由于实际观测中存在随机误差扰动项和各种随机因素等问题，Aigner 等、Meeusen 和 Broeck 在确定性前沿模型中加入了随机扰动项，提出了随机前沿法，并推导了随机前沿模型的极大似然函数，更为准确地测度了技术效率[158,159]。Battese 和 Coelli 开始将截面数据的随机前沿模型拓展到面板数据的随机前沿模型[160,161]。随机前沿生产函数作为实证模型的基本形式为：

$$Y_{it} = f[x_{it}(t), \beta] \times \exp(v_{it} - u_{it}) \tag{5-1}$$

其中，Y_{it} 为产出向量，x_{it} 为投入要素向量，β 为待估计参数向量，$Y = f[x_{it}(t), \beta]$ 为前沿生产函数，$\exp(v_{it} - u_{it})$ 为误差项，v_{it} 为服从独立同分布 $N(0, \sigma_v^2)$ 的随机误差，u_{it} 是非负随机变量，表示技术无效率，服从截断正态分布 $N(z_{it}\delta, \sigma_u^2)$，$u_{it}$ 和 v_{it} 独立不相关，z_{it} 为影响技术无效率的外生解释变量，δ 为无效率方程的外生解释变量系数待估计值。根据 Battese 和 Corra 对复合残差项的推导结果[162]，列出如下公式：

$$\sigma^2 = \sigma_u^2 + \sigma_v^2, \ \text{定义} \ \gamma = \frac{\sigma_u^2}{\sigma^2} \in [0, 1] \tag{5-2}$$

其中，γ 反映了随机扰动项中技术无效率所占的比例，如果 $\gamma = 0$，表明实际产出偏离前沿产出完全是由白噪声引起的，无效率项为一个常数，没有必要采取随机前沿模型；如果 $\gamma = 1$，表明实际产出偏离前沿产出完全是由生产无效率引起的，与随机误差不相关。γ 越趋近于 1，说明误差主要来源于技术非效率，采用随机前沿模型就越合适。早期的实证研究采用的是两步回归的工具变量方法，即首先估计出随机前沿的生产函数，其次用第一步估计出的无效率部分与解释变量回归。这种方法违反了无效率部分同分布的假定。为了解决这一问题，Kumbhakar，Reifschneider 和 Stevenson 重新对模型进行设定，把技术无效率加入到模型中[163,164]，采用极大似然估计方法估计出所有相关的参数。Wang 和 Schmidt 利用蒙特卡罗模拟方法，证实了一步估计优于两步估计[165]。

（二）数据包络分析法（DEA）

与索洛余值法（SRA）和随机前沿分析法（SFA）相比，DEA 法由于具有不需要设定生产函数形式的优势，从而避免了因生产函数误设而导致的结果偏差。Charnes 等提出了 DEA 理论，将 DEA 法和 Malmquist 指数结合起来，称为规模报酬不变的 CCR 模型[166]。Banker 等提出了规模可变的 BCC 模型[167]。传统的 CCR 模型和 BCC 模型实际上反映的是决策单元与本期生产前沿面的距离，而不同时期的生产前沿面是变化的，这样两个时期以不同前沿标准测算的相对生产率理论上就缺乏可比性。DEA 法能够评价具有多个输入和输出决策单元的相对有效性，是一种非参数分析法，常用线性规划处理方式。Färe 等构建了基于 Malmquist 指数的 DEA 模型用于测算生产率的增长，该方法能够处理面板数据，并能够将全要素生产率（TFP）变化分解为技术进步的变化和技术效率的变化[168]。

尽管 Malmquist 指数法应用广泛，但还存在一定的缺陷：一是 DEA 测算的结果差距较大，这是因为 Malmquist 生产率指数的构造可以从投入角度或者产出角度出发，角度选取的不同会造成测度结果的不同，就会导致了角度选取的任意性以及不同角度计算结果的不可比性；二是技术进步增长率和技术效率增长率的变化方向往往是相反的，表明了技术进步导致技术效率降低，结果与实际情况相悖；三是 Malmquist 指数不满足传递性检验而无法进行多期的纵向比较或多边的横向比较，同时也不具有乘积完备性，无法彻底分解 TFP。

二、测算方法的选择

随机前沿分析法（SFA）和数据包络分析法（DEA）各有优势和弊端，同时结合中国经济发展特征，本节采用国际上最新发展起来的 Färe-Primont 指数测度全要素生产率来表征中国经济高质量发展，与 DEA-Malmquist 指数相比较，Färe-Primont 指数既能够得到全要素生产率的纵向变动趋势，又可以得到全要素生产率的水平值，而且 Färe-Primont 指数正好弥补了 DEA-Malmquist 指数的不足。Färe-Primont 指数法是由 O'Donnell 提出的[169]，能够测度多期或多地区的全要素生产率，可以将单投入、单产出决策单元的生产率转换成多投入、多产出的情形，并满足了与经济相关的所有指数公理和检验，包括传递性检验。因此，Färe-Primont 指数既能够获得全要素生产率的纵向变动趋势，又可以通过测度全要素生产率的水平值进行横向比较。本书基于经济高质量发展的内涵和目标，采用 Färe-Primont 指数测度经济高质量发展指标，假设 $x_{it} = (x_{1t}, x_{2t}, \cdots, x_{kt})$ 和 $q_{it} = (q_{1t}, q_{2t}, \cdots, q_{jt})$ 分别表示投入向量和产出向量，则第 t 期的全要素生产率表达式为：

$$TFP_{it} = \frac{Q_{it}}{X_{it}} \tag{5-3}$$

公式（5-3）中，i 表示城市，t 表示年份；$X_{it} \equiv X(x_{it})$ 表示投入加总函数；$Q_{it} \equiv Q(q_{it})$ 表示产出加总函数。因此城市 i 第 t 年与城市 j 第 s 年的全要素生产率比值为：

$$TFP_{it, \, js} = \frac{TFP_{it}}{TFP_{js}} = \frac{Q_{it}/X_{it}}{Q_{js}/X_{js}} = \frac{Q_{it, \, js}}{X_{it, \, js}} \tag{5-4}$$

公式（5-4）中，j 表示城市，s 表示年份；$X_{it, \, js} = X_{it}/X_{js}$ 表示投入数量指数；$Q_{it, \, js} = Q_{it}/Q_{js}$ 表示产出数量指数，TFP 变动表示为产出数量指数与投入数量指数之比，因此 TFP 指数可完全分解为其他效率变化的乘积。城市 i 第 t 年的全要素生产率效率为：

$$TFPE_{it} = \frac{TFP_{it}}{TFP_t^*} = \frac{Q_{it}/X_{it}}{Q_t^*/X_t^*} \tag{5-5}$$

公式（5-5）中，TFP_t^* 表示在 t 年的技术水平下所能达到最大 TFP，Q_t^* 和 X_t^* 分别表示 TFP 最大时的总产出和总投入，将全要素生产率效率（$TFPE$）进行分解可得到技术效率（OTE）、规模效率（OSE）和剩余混合效率（RME），令 $\overline{Q_{it}}$ 为投入 x_{it} 下产出组合为 q_{it} 的最大总产出，$\widetilde{Q_{it}}$ 和 $\widetilde{X_{it}}$ 为在产出组合 q_{it} 固定时 TFP 最大时的总产出和总投入。城市 i 第 t 年的技术效率（Output-Oriented Technical Efficiency）为：

$$OTE_{it} = \frac{Q_{it}}{\overline{Q}_{it}} \tag{5-6}$$

规模效率（Output-Oriented Scale Efficiency）为：

$$OSE_{it} = \frac{\overline{Q}_{it}/X_{it}}{\widetilde{Q}_{it}/\widetilde{X}_{it}} \tag{5-7}$$

剩余混合效率（Residual Mix Efficiency）为：

$$RME_{it} = \frac{\widetilde{Q}_{it}/\widetilde{X}_{it}}{Q_t^*/X_t^*} \tag{5-8}$$

由公式（5-5）至公式（5-8）可得全要素生产率效率的分解为：

$$TFPE_{it} = \frac{TFP_{it}}{TFP_t^*} = OTE_{it} \times OSE_{it} \times RME_{it} \tag{5-9}$$

将公式（5-9）整理得：

$$TFP_{it} = TFP^* \times OTE_{it} \times OSE_{it} \times RME_{it} \tag{5-10}$$

其中，公式（5-10）进一步将 Färe-Primont 指数分解为技术进步指标（TFP^*）、技术效率指标（OTE）、规模效率指标（OSE）和剩余混合效率指标（RME）的乘积，技术进步指标（TFP^*）是投入要素中未体现的技术进步，因此本书主要关注的是技术效率指标（OTE）、规模效率指标（OSE）和剩余混合效率指标（RME）。技术效率是指投入要素中体现的技术进步，规模效率是用来衡量与规模经济有关的生产绩效，两者是指在投入、产出混合比例不变的情况下体现的技术进步和规模效率，剩余混合效率是测度具有技术效率的生产单位通过改变产出组合所引起的 TFP 变化，表现为资源配置效率。

第三节　经济高质量发展指标体系构建

一、指标体系构建

党的十九大报告指出，发展必须是科学发展，必须坚定不移贯彻创新、协调、绿色、开放、共享的发展理念。经济高质量发展侧重从"发展"的视角反映经济成效的质量等级，相对而言，"发展"所涉及的范围更加宽泛，包含了与经济发展相关的经济因素、社会因素、政治因素和环境因素等，更加关注创新能力提升、经济结构优化、生态环境保护、生活条件改善等，强调经济、政治、社会、文化、生态五位一体的全面发展和进步。经济高质量发展具有更加鲜明的时代特征，突出了新时代中国经济发展的新理念与新要求，强调了经济成效的质量等级水平。新时代经济高质量发展是以创新、协调、绿色、开放、共享的发展理念为指导，创新是经济高质量发展的第一动力，协调是经济高质量发展的形态，绿色发展是经济高质量发展的内在要求，开放发展是经济高质量发展的内外联动机制，共享理念是经济高质量发展的根本目的，这五大发展理念规定了经济高质量发展的核心内容。

　　结合新时代中国经济高质量发展的指导思想与理念，基于测度指标层次性与数据可得性，立足新时代背景，在创新、协调、绿色、开放、共享的新发展理念引领下，本节构建了包括投入指标和产出指标的经济高质量发展水平测度体系，投入指标包括劳动力投入、资本投入和政府支出三个三级指标；产出指标包括创新发展、协调发展、绿色发展、开放发展和共享发展五个二级指标（即 13 个三级指标），测算 2005~2018 年我国 286 个地级以上城市经济高质量发展水平，作为中国经济高质量发展的最新成果。经济高质量发展指标体系如表 5-1 所示。

表 5-1　经济高质量发展指标体系

目标	一级指标	二级指标	三级指标		属性
			具体测度指标	指标计算方式	
经济高质量发展	投入指标	要素投入效率	劳动力投入	全社会从业人员总数/GDP（人/万元）	+
			资本投入	全社会固定资产投资额/GDP（亿元/亿元）	+
			政府支出	政府支出/GDP（万元/万元）	+
	产出指标	创新发展	发明专利授权数	发明专利授权数/年末总人口（件/万人）	+
			实用外观专利授权数	实用外观授权数/年末总人口（件/万人）	+
			在校大学生数	高等学校在校学生数/总人口（人/万人）	+
		协调发展	产业结构合理化	相对结构偏离度的倒数	+
			产业结构高级化	第三产业与第二产业的产值之比	+
			城乡结构	城镇人口/总人口（%）	+
		绿色发展	污水处理率	处理污水数量/总污水数量（%）	+
			人均绿地面积	绿地面积/总人口（万平方米/万人）	+
			建成区绿化覆盖率	建成区绿化覆盖率（%）	+
		开放发展	外资开放度	实际利用外商投资/GDP（万元/万元）	+
		共享发展	医院、卫生院数	医院、卫生院/总人口（个/万人）	+
			人均道路面积	道路面积/总人口（万平方米/万人）	+
			互联网上网人数占比	互联网上网人数/总人口（%）	+

注："+（-）"表示指标体系中该指标为正（负）向指标，指标值越大（小）越优。

二、变量说明

（一）投入指标

投入指标包括劳动力投入、资本投入和政府支出三个指标，经济高质量发展需要大量的劳动力投入、资本投入以及政府支持作为重要支撑，本节采用全社会从业人员总数占 GDP 的比重、全社会固定资产投资额占 GDP 的比重和政府支出占 GDP 的比重来分别衡量劳动力投入、资本投入和政府支出。

（二）产出指标

1. 创新发展

随着改革开放的逐步推进，要素资源从经济增长速度较高的第二产业向目前生产率相对较低的第三产业调整，此时"破坏效应"大于"创造效应"。在面临结构性扭曲、经济增速放缓、要素资源空间错配等问题时，依靠大量资本和劳动力等基本要素投入已经不能推动经济持续增长，必须转变经济增长动力，以技术创新驱动中国经济转型，将技术创新成为实现经济高质量发展的第一动力。本节选取发明专利授权数、实用外观授权数和在校大学生数衡量创新发展水平。

2. 协调发展

在人口红利消失和消费需求下降的情况下，中国正面临着一系列不平衡、不协调、不可持续的问题，导致了区域经济差距和城乡收入差距的不断扩大，因而推动经济高质量发展至关重要。在中国经济发展的新时代，要实现经济高质量发展，就必须推进产业结构合理化和高级化，推进城市和农村协调发展，解决区域发展不平衡问题。本节选取产业结构合理化、产业结构高级化和城乡结构衡量协调发展水平。

3. 绿色发展

随着经济发展由高速增长阶段转向高质量发展阶段，环境约束逐渐成为中国经济建设的硬性制约条件。近年来全国范围内压缩性、复合型大气污染等环境问题明显突出，高投入、高能耗、高排放、高污染的经济增长模式不再具备可持续性。因此，在新时代，必须协同推动经济高质量发展与生态文明建设，把绿色发展作为经济高质量发展的必然要求。本节选取污水处理率、人均绿地面积和建成区绿化覆盖率衡量绿色发展状况。

4. 开放发展

改革开放 40 多年来，中国坚持对外开放，实现了经济快速增长。随着经济全球化的全面和深入发展，中国经济步入了高质量发展阶段。面临国内外风险挑战明显增多的复杂局面，新形势下坚持高质量开放显得尤为重要。新时代的对外开放需要确立更加先进的开放理念，打造更加全面的开放格局，以高质量开放推动经济高质量发展。基于此，本节选取外资开放度衡量城市开放水平。

5. 共享发展

共享发展就是坚持以人民为中心，实现共同富裕，并注重解决社会公平正义问题。不断推进医疗卫生体系、社会保障体系和就业服务业体系以及提升公共服务水平将成为提升共享发展水平和推动经济高质量发展的重要举措。在新时代，必须坚持共享发展理念，保障经济高质量发展成果由不同地区的人民共享。本节选取医院和卫生院数、人均道路面积、互联网上网人数占比衡量共享发展水平。

三、数据来源

本节采用 2005~2018 年 286 个地级以上城市相关数据测算了中国经济高质量发展指标以及分解指标。需要指出的是，其间国务院撤销了安徽省的巢湖市，并将其所辖地区划归合肥、芜湖、马鞍山三市管辖，在贵州省设立铜仁和毕节两个地级市，并在海南省成立三沙市，因此地级及以上城市数量由 287 个变为 289 个。为统一口径，本节最终选择除巢湖、铜仁、毕节、三沙的 286 个地级及以上的城市数据为样本。数据来源于历年的《中国城市统计年鉴》《中国统计年鉴》以及 CEIC 数据库。基于上述对经济高质量发展内涵的分析和阐释，同时严格遵循目的性、科学性、可操作性、动态性等原则构建经济高质量发展综合评价指标体系，测算了 2005~2018 年我国 286 个地级及以上城市经济高质量发展水平，作为中国经济高质量发展的最新成果。

本书借鉴 O'Donnell[169]，采用 Färe-Primont 指数测算经济高质量发展指标及其分解指标。由于测算经济高质量发展涉及多个指标，而指标之间由于具有不同的量纲而无法直接进行计算，故而首先要对各指标的原始数据进行无量纲化处理。根据基础数据特征，拟对正向指标采用公式 $x_{ij}{}^{*} = \dfrac{X_{ij}}{X_{max}} \times 100$ 进行无量纲化处理，其中 X_{ij} 表示第 i 个指标下第 j 个城市的原始值，公式为 x_{ij} 标准化后的值，X_{max} 是指标 i 在所有地区中的最大值。对于负向指标，先取其倒数将其正向化后再进行无量纲处理。采用公式 $x_{ij}{}^{*} = \dfrac{1}{|x_{ij}|} \times 100$ 进行标准化处理。

第四节　经济高质量发展测算结果分析

一、经济高质量发展及其分解指标的时序演变分析

根据经济高质量发展评价指标体系及上述测算方法，测算得到 2005～2018 年中国 286 个地级及以上城市的经济高质量发展指数（TFP），可以分解为技术进步（TFP*）和全要素生产率效率（TFPE），全要素生产率效率（TFPE）又可以分解为技术效率（OTE）、规模效率（OSE）和剩余混合效率（RME）。其中，技术进步指标（TFP*）是投入要素中未体现的技术进步，是社会生产在当前技术水平下所能达到的最大生产率，受制于社会整体技术进步。技术效率（OTE）是投入要素中体现的技术进步，规模效率（OSE）用来衡量与规模经济有关的生产绩效，两者考察的是投入、产出混合比例不变的情况下，纯粹的技术效率和规模效率。剩余混合效率（RME）是测度具有技术效率的生产单位通过改变产出组合所引起的产出变化，主要表现为资源配置效率。表 5-2 报告了 2005～2018 年中国地级及以上城市的经济高质量发展指数及其分解指数的平均值，其中经济高质量发展指数的均值为 0.201，技术效率的均值为 0.809，规模效率的均值为 0.566，剩余混合效率的均值为 0.642，技术效率均值高于规模效率和剩余混合效率，可以看出经济高质量发展的动力主要来自表征技术进步的技术效率。

表 5-2　2005～2018 年中国经济高质量指标测算

年份	TFP	OTE	OSE	RME
2005	0.089	0.680	0.829	0.497
2006	0.103	0.764	0.789	0.498
2007	0.114	0.699	0.692	0.551
2008	0.144	0.716	0.682	0.600
2009	0.166	0.731	0.654	0.701
2010	0.188	0.768	0.533	0.695
2011	0.248	0.803	0.567	0.599
2012	0.309	0.825	0.532	0.763
2013	0.247	0.861	0.490	0.623

续表

年份	TFP	OTE	OSE	RME
2014	0.267	0.866	0.473	0.711
2015	0.248	0.892	0.416	0.729
2016	0.215	0.891	0.386	0.693
2017	0.234	0.904	0.530	0.519
2018	0.236	0.927	0.350	0.804
平均值	0.201	0.809	0.566	0.642

注：TFP 表示经济高质量发展指数，OTE 表示技术效率指数，OSE 表示规模效率变动指数，RME 表示剩余混合效率指数。

图 5-1 为中国经济高质量发展指数及其分解指数变化趋势，可以看出 2005~2018 年中国经济高质量发展指数（TFP）呈现波动上升趋势，从 2005 年的 0.089 上升到 2018 年的 0.236，可以看出中国经济高质量发展取得了重大阶段性成果，这说明有效推动了经济发展质量变革、效率变革、动力变革，提高了全要素生产率。2005~2012 年，中国经济增长经历了漫长而相对稳定的波动周期，在这一时期投资是促进经济发展的主要因素，从而引起了收入分配不均、技术创新动力不足、要素资源错配等问题，虽然经历了 2008 年的全球金融危机，中国经济速度仍然缓慢上升，2008~2012 年我国经济增速分别为 9.6%、9.2%、10.3%、9.3%、7.8%。在 2013 年上半年政治局讨论经济形势会上，习近平总书记正式提出中国经济处于"三期叠加"阶段的重要判断。2013 年以来，中国经济进入了"增长速度换挡期、结构调整阵痛期和前期刺激政策消化期"的新常态，从而导致 2013~2016 年经济高质量发展指数有所下滑，出现经济指标之间的联动性相背离、经济增长持续下行、CPI 持续低位运行、居民收入有所增加而企业利润率下降、消费上升而投资下降等问题。随着不断深化供给侧结构性改革和推动"一带一路"倡议以及微观层面上推行"营改增"，中国经济发展实现了转型升级。因此，2017 年中国经济高质量发展出现了新迹象，经济高质量发展指数为 0.234，2018 年相比 2017 年有所提升，经济高质量发展指数为 0.236，呈现向上攀升的趋势，这与师博和张冰瑶的结论较为一致[103]。

从经济高质量发展的分解指数来看，技术效率（OTE）整体上呈现上升趋势，说明技术进步取得了显著的成效，中国经济高质量发展水平的提升主要依靠技术效率，即投入要素中体现出的技术进步，技术效率的变化趋势与经济高质量发展水平的整体变动趋势较为相似，均呈现上升趋势。而规模效率（OSE）整体上呈现下降趋势，这说明中国城市发展长期处于投资驱动阶段，盲目急剧扩张规模，而忽视投资规模的质量，造成规模效率下降，在一定程度上抵消了技术进步带来的增长效应。剩余混合效率（RME）呈现波动上升趋势，峰值出现在 2012 年，此后逐渐下降又上升，说明资源配置效率还有很大的提升空间，因此改善资源错配，优化资源配置效率，能够释放出更多的经济增长潜能。推动经济高质量发展的主要因素是表征技术进步的技术效率和表征资源配置效率的剩余混合效率。

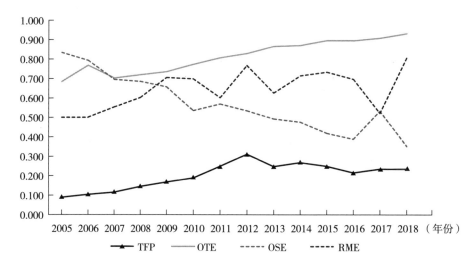

图 5-1　2005～2018 年中国经济高质量发展指数及其分解指数变化趋势

二、分地区经济高质量发展的时序演变分析

各个地区的经济发展存在一定的差异性，其中东部地区由于地理位置等原因发展较为迅速，而中部和西部地区相对落后，因此按照不同地区分析其经济高质量发展的时序演变具有重要的意义。表 5-3 报告了 2005～2018 年东部、中部和西部地区经济高质量发展指数以及分解指数的平均值。从分地区经济高质量发展指数来看，东部、中部和西部的经济高质量发展指数（TFP）的均值分别为 0.25、0.19 和 0.16，2005～2018 年东部地区的经济高质量发展水平均高于中部地区和西部地区。从分地区分解指数来看，技术效率指数（OTE）在东部、中部和西部地区的平均值分别为 0.87、0.80 和 0.75，在 2005～2018 年分别上升了 16%、50% 和 52%，表明西部地区技术效率水平攀升幅度最大。规模效率指数（OSE）在东部、中部和西部地区的平均值分别为 0.66、0.54 和 0.49，剩余混合

效率指数（RME）在东部、中部和西部地区的平均值分别为 0.65、0.64 和 0.63，在 2005~2018 年分别上升了 36%、73% 和 90%，西部地区平均剩余混合效率值的上升幅度最大，这表明随着经济的发展，西部地区充分利用了要素资源，提高了资源配置效率。

表 5-3 2005~2018 年中国各个地区经济高质量指标体系测算

年份	东部				中部				西部			
	TFP	OTE	OSE	RME	TFP	OTE	OSE	RME	TFP	OTE	OSE	RME
2005	0.12	0.81	0.89	0.59	0.08	0.62	0.84	0.48	0.06	0.60	0.74	0.41
2006	0.14	0.86	0.85	0.60	0.08	0.73	0.79	0.44	0.08	0.69	0.72	0.45
2007	0.15	0.79	0.79	0.60	0.10	0.67	0.68	0.52	0.09	0.63	0.60	0.52
2008	0.19	0.81	0.79	0.63	0.13	0.69	0.67	0.58	0.10	0.62	0.57	0.58
2009	0.21	0.82	0.78	0.70	0.15	0.73	0.62	0.70	0.12	0.63	0.55	0.71
2010	0.23	0.82	0.64	0.68	0.18	0.79	0.49	0.70	0.15	0.68	0.45	0.70
2011	0.31	0.86	0.68	0.58	0.24	0.81	0.53	0.62	0.18	0.72	0.47	0.59
2012	0.38	0.87	0.64	0.72	0.30	0.84	0.50	0.78	0.24	0.75	0.44	0.79
2013	0.30	0.90	0.56	0.65	0.23	0.87	0.45	0.65	0.19	0.81	0.46	0.56
2014	0.31	0.90	0.57	0.66	0.25	0.87	0.44	0.73	0.23	0.82	0.40	0.75
2015	0.29	0.92	0.50	0.70	0.23	0.89	0.39	0.72	0.22	0.86	0.34	0.77
2016	0.26	0.91	0.49	0.68	0.20	0.90	0.34	0.73	0.18	0.86	0.32	0.67
2017	0.27	0.92	0.61	0.53	0.22	0.92	0.49	0.54	0.20	0.87	0.49	0.48
2018	0.29	0.94	0.44	0.80	0.21	0.93	0.30	0.83	0.20	0.91	0.30	0.78
平均值	0.25	0.87	0.66	0.65	0.19	0.80	0.54	0.64	0.16	0.75	0.49	0.63

注：TFP 表示经济高质量发展指数，OTE 表示技术效率指数，OSE 表示规模效率变动指数，RME 表示剩余混合效率指数。

从分地区经济高质量发展指数来看，图 5-2 呈现了全国及东部、中部和西部地区 2005~2018 年平均经济高质量发展指数的变化趋势。从区域维度来看，东部、中部、西部地区经济发展呈现波动增长趋势，东部最高、中部次之、西部最低，东部地区平均经济高质量发展指数由 2005 年的 0.12 上升至 2018 年的 0.29，中部地区由 2005 年的 0.08 上升至 2018 年的 0.21，西部地区由 2005 年的 0.06 上升至 2018 年的 0.20，这三个地区均实现了经济增长效应。2005~2012 年这一阶段表现出显著的攀升态势，2014~2016 年这一阶段出现逐渐下滑态势，这是因为中国经济从 2013 年开始进入"增长速度的换挡期、结构调整的阵痛期和前期刺激政策的消化期"三期叠加新常态，随着 2015 年供给侧结构性改革的深入，经济结构不断优化，从而经济高质量发展指数呈现快速上升趋势。

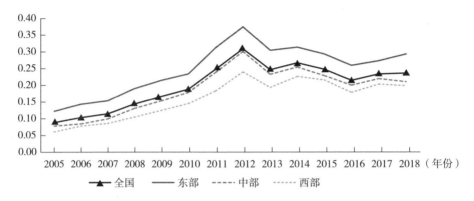

图 5-2　2005~2018 年分地区经济高质量发展指数变化趋势

图 5-3、图 5-4 和图 5-5 分别为分地区技术效率指数、规模效率指数和剩余混合效率指数的变化趋势。从图 5-3 可以看出，东部、中部和西部地区技术效率指数呈现稳定上升趋势，这说明知识和经验的扩散提升了区域整体技术效率水平，使中国整体技术创新能力和水平大幅度提升，从而推动经济高质量发展。从图 5-4 可以看出，东部、中部和西部规模效率指数呈现缓慢下降趋势，这说明三大地区的规模效率并没有达到最优，可能是由于急剧扩张市场规模时忽视了质量和效益，促使交通、房价等成本上升，导致"拥挤效应"，从而抑制了经济规模的效率，导致了规模效率的损失。从图 5-5 可以看出，东部、中部和西部地区剩余混合效率指数整体上呈现波动上升趋势，这说明大量的劳动力和资本从低附加值行业向高附加值行业转移，从而有利于要素资源配置效率的提高，并且供给侧结构性改革发挥了很大的作用，导致剩余混合效率的提升具有很大的潜力。表征技术进步的技术效率和表征要素资源配置效率的剩余混合效率提升是推动经济高质量发展水平提升的主要原因，这与全国层面的结论是一致的。

三、分城市经济高质量发展的时序演变分析

城市规模不同会造成城市的经济发展水平存在一定的差异，因此本书以 2018 年为基准样本数据，按照市辖区人口数量将 286 个地级及以上城市分为大城市（100 万人口以上）、中等城市（50 万~100 万人口）和小城市（50 万人口以

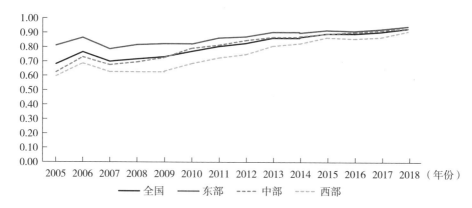

图 5-3　2005~2018 年分地区技术效率指数变化趋势

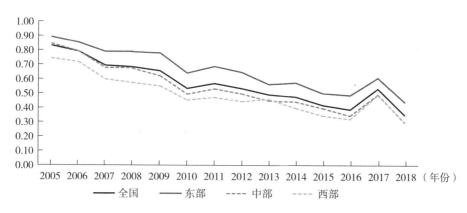

图 5-4　2005~2018 年分地区规模效率指数变化趋势

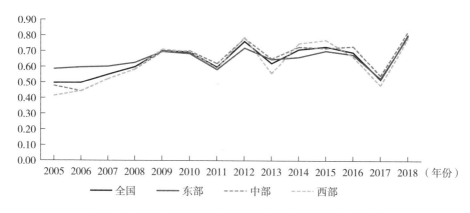

图 5-5　2005~2018 年分地区剩余混合效率指数变化趋势

下），城市数量分别为 161 个、87 个和 38 个。表 5-4 报告了 2005~2018 年大城市、中等城市和小城市经济高质量发展指数以及分解指数的平均值。从不同人口规模城市的经济高质量发展指数来看，经济高质量发展指数（TFP）在大城市、中等城市和小城市的平均值分别为 0.23、0.17 和 0.16，在 2005~2018 年大城市经济高质量发展水平均高于中等城市和小城市，不同人口规模城市的中国经济高质量发展水平都有不同程度的提高，小城市经济高质量发展上升幅度最大。技术效率指数（OTE）在大城市、中等城市和小城市的平均值分别为 0.84、0.77 和 0.76，在 2005~2018 年分别上升了 27%、49% 和 59%，小城市技术进步攀升幅度最大。规模效率指数（OSE）在大城市、中等城市和小城市的平均值分别为 0.61、0.53 和 0.49，在 2005~2018 年分别下降了 57%、61% 和 51%。剩余混合效率指数（RME）在大城市、中等城市和小城市的平均值分别为 0.66、0.63 和 0.58，剩余混合效率指数在 2005~2018 年分别上升了 42%、93% 和 115%，小城市的上升幅度最大，这说明小城市越来越有效地利用要素资源，使资源配置达到最优。

表 5-4　2005~2018 年中国不同规模等级城市经济高质量指标体系测算

年份	大城市				中等城市				小城市			
	TFP	OTE	OSE	RME	TFP	OTE	OSE	RME	TFP	OTE	OSE	RME
2005	0.11	0.74	0.87	0.59	0.07	0.61	0.82	0.41	0.05	0.58	0.70	0.33
2006	0.13	0.81	0.83	0.58	0.08	0.71	0.75	0.41	0.06	0.71	0.69	0.34
2007	0.14	0.74	0.74	0.60	0.09	0.64	0.65	0.50	0.08	0.67	0.57	0.47
2008	0.17	0.77	0.73	0.63	0.12	0.65	0.63	0.58	0.10	0.63	0.58	0.52
2009	0.19	0.78	0.71	0.72	0.13	0.67	0.58	0.71	0.12	0.65	0.57	0.62
2010	0.21	0.80	0.58	0.70	0.16	0.73	0.47	0.70	0.15	0.72	0.49	0.65
2011	0.28	0.84	0.62	0.60	0.21	0.76	0.51	0.60	0.19	0.73	0.47	0.59
2012	0.34	0.86	0.59	0.74	0.27	0.78	0.46	0.80	0.25	0.76	0.44	0.79
2013	0.28	0.89	0.51	0.65	0.22	0.83	0.47	0.60	0.19	0.83	0.45	0.55
2014	0.29	0.89	0.52	0.69	0.24	0.85	0.42	0.73	0.22	0.86	0.39	0.73
2015	0.27	0.90	0.45	0.72	0.23	0.88	0.38	0.75	0.21	0.86	0.34	0.73
2016	0.23	0.90	0.41	0.70	0.20	0.88	0.36	0.70	0.18	0.87	0.34	0.64
2017	0.25	0.91	0.54	0.55	0.22	0.89	0.52	0.50	0.20	0.88	0.52	0.46

续表

年份	大城市				中等城市				小城市			
	TFP	*OTE*	*OSE*	*RME*	*TFP*	*OTE*	*OSE*	*RME*	*TFP*	*OTE*	*OSE*	*RME*
2018	0.26	0.94	0.37	0.84	0.21	0.91	0.32	0.79	0.20	0.92	0.34	0.71
平均值	0.23	0.84	0.61	0.66	0.17	0.77	0.53	0.63	0.16	0.76	0.49	0.58

注：*TFP* 表示经济高质量发展指数，*OTE* 表示技术效率指数，*OSE* 表示规模效率变动指数，*RME* 表示剩余混合效率指数。

从分城市经济高质量发展指数来看，图 5-6 呈现了全国及大城市、中等城市和小城市 2005~2018 年平均经济高质量发展指数的变化趋势，可以看出大城市、中等城市和小城市呈现波动上升趋势，2005~2018 年，三类城市的经济高质量发展指数基本保持一致，大城市经济高质量发展指数高于中等城市和小城市经济高质量发展指数，大城市平均经济高质量发展指数由 2005 年的 0.11 上升至 2018 年的 0.26，中等城市由 2005 年的 0.07 上升至 2018 年的 0.21，小城市由 2005 年的 0.05 上升至 2018 年的 0.20。

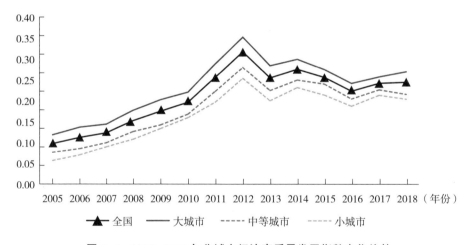

图 5-6 2005~2018 年分城市经济高质量发展指数变化趋势

图 5-7、图 5-8 和图 5-9 分别为不同人口规模城市的技术效率指数、规模效率指数和剩余混合效率指数的变化趋势。从图 5-7 可以看出，三类城市的技术效率指数呈现稳步上升趋势，而且从 2015 年开始，三类城市的技术效率指标趋于一致，小城市的技术创新水平有了大幅度的提升，这说明小城市加大了开放力度，推进技术创新，注重先进技术的引进和利用。从图 5-8 可以看出，三类城市

的规模效率指数呈现缓慢下降趋势，这说明中国经济尚未达到规模报酬的最高点，各类城市仍需优化要素投入的数量和质量，地方保护和市场分割也是造成规模效率下降的主要原因。从图5-9可以看出，三类城市的剩余混合效率指数整体上呈现波动上升趋势，2012年达到峰值，然后有所下滑，2014年之后又开始有所回升。这说明目前大城市、中等城市、小城市的经济运行环境不断得到改善，资源得到合理利用和配置，有利于当前经济潜能的释放。由于我国不断推进深层次的改革，打破了各项制度对资源有效配置的约束，从而促进经济高质量发展。

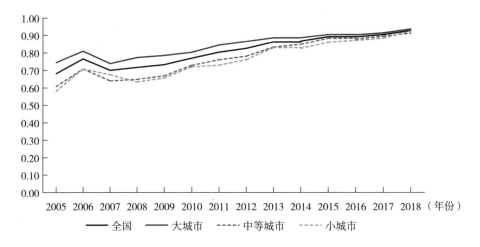

图5-7 2005~2018年分城市技术效率指数变化趋势

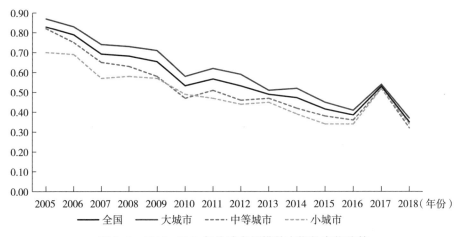

图5-8 2005~2018年分城市规模效率指数变化趋势

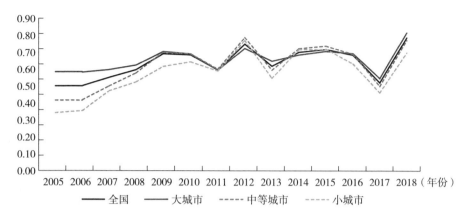

图 5-9　2005~2018 年分城市剩余混合效率指数变化趋势

四、代表性城市经济高质量发展的时序演变分析

本书测算了 2005~2018 年 286 个地级及以上城市的经济高质量发展指数，但是由于篇幅所限，并未报告全部地级以上城市经济高质量发展指数的测算结果；同时，按照依据选取城市，分析了代表性城市经济高质量发展水平，并为不同地区、不同规模大小的城市实现经济高质量发展提供参考。关于代表性城市的选取依据是：第一，兼顾直辖市、副省级城市以及省会城市；第二，兼顾沿海和内地经济发展保持在前列的城市；第三，兼顾经济发展水平靠前的城市。表 5-5 报告了部分代表性城市经济高质量发展指数（*TFP*）。

表 5-5　2005~2018 年中国代表性城市经济高质量指标体系测算

城市 ＼ 年份	2005	2006	2007	2008	2009	2010	2011	2012	2013	2014	2015	2016	2017	2018
北京	0.11	0.18	0.14	0.20	0.25	0.25	0.33	0.39	0.31	0.39	0.36	0.31	0.36	0.31
天津	0.14	0.17	0.17	0.20	0.22	0.22	0.26	0.35	0.27	0.34	0.31	0.29	0.33	0.30
石家庄	0.08	0.18	0.16	0.19	0.20	0.22	0.28	0.34	0.28	0.29	0.25	0.26	0.29	0.23
太原	0.13	0.13	0.14	0.17	0.21	0.19	0.30	0.27	0.28	0.27	0.28	0.30	0.29
沈阳	0.12	0.13	0.13	0.15	0.19	0.19	0.24	0.30	0.27	0.28	0.33	0.36	0.38	0.42
大连	0.15	0.16	0.16	0.20	0.25	0.24	0.27	0.35	0.28	0.40	0.58	0.66	0.52
长春	0.11	0.12	0.10	0.16	0.20	0.22	0.30	0.33	0.27	0.32	0.29	0.28	0.30	0.30

续表

年份\城市	2005	2006	2007	2008	2009	2010	2011	2012	2013	2014	2015	2016	2017	2018
哈尔滨	0.07	0.16	0.13	0.16	0.18	0.15	0.21	0.29	0.23	0.29	0.28	0.26	0.29	0.26
上海	0.14	0.17	0.17	0.26	0.32	0.34	0.45	0.51	0.37	0.49	0.43	0.00	0.40	0.34
南京	0.16	0.16	0.12	0.22	0.17	0.17	0.20	0.27	0.22	0.26	0.27	0.26	0.31	0.31
杭州	0.17	0.20	0.23	0.26	0.31	0.31	0.37	0.44	0.39	0.39	0.37	0.36	0.40	0.36
宁波	0.12	0.15	0.19	0.24	0.25	0.26	0.33	0.39	0.32	0.36	0.31	0.31	0.32	0.30
合肥	0.15	0.16	0.14	0.11	0.14	0.16	0.22	0.26	0.22	0.23	0.23	0.23	0.24	0.23
福州	0.19	0.20	0.18	0.17	0.21	0.21	0.27	0.32	0.26	0.29	0.25	0.26	0.24	0.27
厦门	0.15	0.15	0.14	0.20	0.27	0.26	0.33	0.39	0.33	0.34	0.31	0.27	0.31	0.27
南昌	0.16	0.15	0.17	0.19	0.20	0.20	0.25	0.32	0.26	0.25	0.25	0.00	0.26	0.23
济南	0.16	0.16	0.15	0.20	0.27	0.30	0.37	0.46	0.39	0.43	0.39	0.35	0.39	0.35
青岛	0.13	0.21	0.20	0.26	0.30	0.29	0.38	0.44	0.34	0.39	0.35	0.32	0.34	0.32
郑州	0.12	0.14	0.14	0.23	0.26	0.26	0.32	0.38	0.30	0.31	0.27	0.26	0.27	0.26
武汉	0.08	0.14	0.18	0.19	0.24	0.25	0.30	0.39	0.32	0.35	0.34	0.35	0.37	0.35
长沙	0.10	0.09	0.14	0.17	0.24	0.26	0.32	0.42	0.36	0.39	0.36	0.35	0.34	0.32
广州	0.22	0.24	0.27	0.27	0.27	0.27	0.48	0.60	0.57	0.69	0.60	0.55	0.55	0.50
深圳	0.19	0.24	0.28	0.37	0.47	0.48	0.69	0.84	0.63	0.71	0.56	0.42	0.46	0.44
珠海	0.08	0.12	0.19	0.23	0.22	0.24	0.31	0.36	0.29	0.31	0.31	0.31	0.31	0.26
南宁	0.04	0.05	0.06	0.11	0.19	0.18	0.22	0.20	0.19	0.21	0.20	0.19	0.20	0.17
海口	0.18	0.14	0.19	0.19	0.21	0.24	0.29	0.33	0.28	0.28	0.20	0.21	0.24	0.24
三亚	0.10	0.11	0.10	0.11	0.12	0.12	0.14	0.18	0.15	0.15	0.14	0.13	0.14	0.13
重庆	0.07	0.08	0.12	0.12	0.15	0.17	0.22	0.22	0.20	0.21	0.19	0.22	0.23	0.20
成都	0.10	0.12	0.14	0.16	0.18	0.22	0.28	0.34	0.26	0.20	0.20	0.20	0.20	0.25
贵阳	0.03	0.04	0.05	0.05	0.08	0.10	0.17	0.22	0.20	0.24	0.24	0.20	0.22	0.20
昆明	0.13	0.15	0.12	0.15	0.15	0.15	0.22	0.30	0.24	0.26	0.25	0.23	0.24	0.23
西安	0.07	0.10	0.10	0.10	0.13	0.14	0.17	0.26	0.21	0.23	0.25	0.25	0.28	0.27
兰州	0.12	0.12	0.13	0.14	0.20	0.18	0.20	0.26	0.25	0.30	0.24	0.23	0.35	0.25
西宁	0.06	0.05	0.08	0.12	0.13	0.14	0.14	0.14	0.16	0.17	0.16	0.16	0.17	0.14
银川	0.10	0.12	0.14	0.17	0.19	0.19	0.25	0.33	0.26	0.21	0.20	0.21	0.24	0.25

依照上述选取原则，将代表性城市分为三组进行分析：一是直辖市、副省级城市中的计划单列市；二是省会城市；三是沿海城市和内陆城市。

（一）直辖市和计划单列市

直辖市作为全国行政级别最高、城市能级最强的标杆城市，在经济发展格局中具有重要战略地位，是我国经济发展的核心区。2005年四大直辖市北京、天津、上海和重庆的经济高质量发展指数分别为0.11、0.14、0.14、0.07，2018年北京、天津、上海和重庆的经济高质量发展指数则为0.31、0.30、0.34、0.20，尤其重庆的经济高质量发展水平进步显著。副省级城市是国家实施中心城市发展战略的重要载体，均为经济强市，具有极强的示范效应，副省级城市共有15个，其中深圳、大连、青岛、宁波、厦门是计划单列市，其他都是省会城市。2005年深圳、大连、青岛、宁波和厦门的经济高质量发展指数分别为0.19、0.15、0.13、0.12和0.15，2018年5个计划单列市的经济高质量发展指标分别为0.44、0.52、0.32、0.30和0.27，其中大连市经济高质量发展攀升最快，这表明作为东北地区、北方沿海的中心城市，大连在经济发展过程中不仅注重经济数量的增长，更加注重经济发展的整体性和平衡性，并且坚定不移地推动经济高质量发展。

（二）省会城市

省会城市是各省（区）行政中心，也是经济发展的核心区，分布范围遍及全国，省会城市共有27个。2005年经济高质量发展指数排名前五名的省会城市为广州、福州、海口、杭州、南京、南昌和济南（其中南京、南昌、济南并列第五），经济高质量发展指数排名后五名的省会城市为贵阳、南宁、西宁、西安和哈尔滨，可以发现经济发展水平较高的省会城市大部分分布在东部地区，经济发展水平较低的省会城市大部分分布在西部地区，这说明东部地区的经济发展情况明显优于西部地区。2018年，经济高质量发展指数排名前五名的省会城市为广州、沈阳、杭州、武汉和济南，经济高质量发展指数排名后五名的省会城市为三亚、西宁、南宁、贵阳、石家庄、合肥、南昌和昆明（其中石家庄、合肥、南昌和昆明并列第五），经济发展水平较高的省会城市均匀地分布在东部和中部两个地区，这表明随着中央政府实施西部大开发、振兴东北、中部崛起等战略，逐渐缩小了地区之间的经济差距，促使区域发展更加均衡。

（三）沿海城市和内陆城市

由于沿海城市具有优越的地理环境和区位优势，沿海城市的经济发展水平无疑领先于内陆城市。2005年，经济高质量发展指数排名前五名的省会城市为广州、福州、海口、南京和南昌，经济高质量发展指数排名后五名的省会城市为贵阳、南宁、西宁、西安和哈尔滨，可以发现经济发展水平较高的城市大部分是沿海城市，经济发展水平较低的城市均是内陆城市，这是因为沿海城市作为我国开放的前沿，本身具有临近国际市场的先天优势和便利的发展条件，与海外市场联系紧密，沿海城市的经济高质量发展情况明显优于内陆城市。2018 年，经济高质量发展指数排名前五名的省会城市为广州、沈阳、杭州、武汉和济南，经济高质量发展指数排名后五名的省会城市为三亚、西宁、南宁、贵阳和合肥，可以发现经济发展水平较高的城市大部分是内陆城市，这是因为经济发展由高速增长向高质量发展转变，发展方式由粗放型发展模式向集约型发展模式转变，沿海城市产业比较优势逐渐向内陆城市转移，加强了内陆城市与沿海城市之间的联系，使内陆城市逐渐成为开放的前沿阵地和交通枢纽中心，实现了资源共享、经济互通、产业分工、合作共赢，随着内陆城市经济结构不断完善、产业规模不断壮大，市场资源得到有效配置，促使经济高质量发展水平大幅度提升。

第五节　本章小结

本章结合国内外已有文献，采用 Färe-Primont 指数测算了 2005～2018 年中国经济高质量发展水平。首先，从整体上分析了中国经济高质量发展指数及其分解指数的演变特征；其次，分析了不同地区、不同规模城市的经济高质量发展的变化趋势；最后，结合我国的城市规划政策分析了代表性城市经济高质量发展的变化特征。通过全面而深入的分析，本章主要得出以下几个方面的结论：

第一，通过回顾测度全要素生产率的方法，选择了测度经济高质量发展指标的方法，并基于创新、协调、绿色、开放、共享的新发展理念，构建了包括投入指标和产出指标的经济高质量发展水平测度体系，投入指标包括劳动力投入、资本投入和政府支出三个三级指标；产出指标包括创新发展、协调发展、绿色发展、开放发展和共享发展五个二级指标（即 13 个三级指标），采用 Färe-Primont 指数方法测算了 2005～2018 年我国 286 个地级及以上城市经济高质量发展水平，作为中国经济高质量发展的最新成果。

第二，从整体层面来看，中国经济高质量发展指数呈现波动上升趋势，从 2005 年的 0.089 上升到 2018 年的 0.236，这说明中国经济高质量发展取得了重大阶段性成果。2013 年以来中国经济进入了"增长速度换挡期、结构调整阵痛期和前期刺激政策消化期"的新常态，从而导致 2013～2015 年经济高质量发展指数有所下滑，2015 年以来推进供给侧结构性改革、推动"一带一路"倡议以及推行"营改增"改革使经济高质量发展出现了新迹象,呈现出长期向上攀升的趋势。

第三,从不同区域层面来看,东部、中部、西部地区经济发展呈现波动增长趋势,历年来东部地区的经济高质量发展水平均高于中部地区和西部地区。测度结果表明,东部地区平均经济高质量发展指数由 2005 年的 0.12 上升至 2018 年的 0.29,中部地区由 2005 年的 0.08 上升至 2018 年的 0.21,西部地区由 2005 年的 0.06 上升至 2018 年的 0.20,这三个地区均实现了经济增长效应。西部地区经济高质量发展指标、技术效率和剩余混合效率增长幅度最大,说明中央实施西部大开发等战略促进了经济高质量发展。

第四,从不同规模城市层面来看,大城市、中等城市和小城市呈现波动上升趋势,2005~2018 年,三类城市的经济高质量发展指标增长趋势基本保持一致,历年来大城市经济高质量发展水平高于中等城市和小城市,小城市经济高质量发展指数、技术效率和剩余混合效率增长幅度最大,说明随着经济的发展,大城市对于周边小城市具有显著的带动和辐射作用,促使小城市迅速崛起,并且充分利用了要素资源,实现资源合理化配置,推动技术进步,进而实现经济高质量发展。

第五,从代表性城市来看,列出了 2005~2018 年代表性城市的经济高质量发展指标的测算结果。在直辖市和计划单列市中,重庆的经济高质量发展水平进步显著,大连作为东北地区、北方沿海的中心城市,经济高质量发展水平攀升最快;在省会城市中,2005 年经济发展水平较高的省会城市主要分布在东部地区,而 2018 年均匀地分布在东部和中部两个地区,表明地区之间的经济差距逐渐缩小;在沿海城市和内陆城市中,沿海城市产业比较优势逐渐向内陆城市转移,内陆城市经济结构不断完善,市场资源得到有效配置,促使经济高质量发展水平大幅度提升。

第六章　高速铁路影响经济高质量发展的实证检验

根据第五章对中国经济高质量发展指数的测算结果可知，中国经济高质量发展指数整体上呈现增长趋势，经济高质量发展水平稳步提升。高速铁路开通的"引流"效应有助于促进区域间要素流动，并将沿线城市转化为经济"节点"，从而对经济高质量发展产生一定的影响。那么，高速铁路能否推动经济高质量发展？基于此，本章深入研究高速铁路开通对经济高质量发展的影响。首先，提出所要研究的问题；其次，设定双重差分模型、进行变量选取以及数据说明；再次，进一步运用 DID 模型从实证角度检验高速铁路开通对经济高质量发展指数的影响，以及对不同地区、不同规模城市、不同类型城市的中国经济高质量发展水平的异质性影响；最后，对本章的研究进行总结。本章试图以中国经济高质量发展指数为被解释变量，系统研究高速铁路开通对中国经济高质量发展的影响，为第七章的传导机制检验和第八章的空间溢出效应研究奠定基础。

第一节　引言

交通基础设施作为区域内和区域间经济关系的纽带，具有显著的外部性和网络性，铁路作为重要基础设施，是经济发展的前提和条件，同样也是改革开放的见证者和受益者。中国铁路经历了转型升级，随着交通网络的不断扩大和技术的创新变革，高速铁路取得了举世瞩目的成就。2008 年，京津城际高速铁路的开通标志着中国高速铁路时代的到来，为促进我国高速铁路事业快速发展，国家对高速铁路建设给予了充分的财政支持。据国家铁路局公布的数据显示，2018 年全国铁路固定资产投资完成 8028 亿元，2019 年计划完成铁路投资 8000 亿元，确保新线投产 6800 千米以上，其中高速铁路 3200 千米。持续的投入带来了举世瞩目的成绩，2018 年铁路运输总收入 8340 亿元，截至 2022 年末，我国高速铁路运行里程达 4.2 万千米，居世界第一位。投资规模较大的高速铁路建设会对原有交通的均衡性产生影响，并通过时空收敛效应缩短城市之间的通行距离，影响着高速铁路沿线城市的空间格局。

改革开放以来，中国经济一直保持高速增长，但是近年来中国经济增速有所放缓，当前更是面临国内外风险挑战明显增多的复杂局面。党的十九大报告提出中国经济已由高速增长阶段转向高质量发展阶段，必须坚持质量第一、效益优先。中国经济正从高速度到高质量、从增长到发展转变，而全要素生产率是经济发展的重要动力，提高全要素生产率是中国经济高质量发展的必然选择。关于高速铁路的相关文献主要考察高速铁路对经济增长、产业升级、创新发展、生产率和环境污染等方面的影响，而缺乏关注高速铁路开通对经济高质量发展的影响。

本章以高速铁路开通作为准自然实验，基于 2005～2018 年中国 286 个地级及以上城市面板数据，采用双重差分模型（DID）分析高速铁路开通对经济高质量发展的异质性影响。首先，从整体上分析了高速铁路开通对经济高质量发展指数（TFP）、技术效率（OTE）、规模效率（OSE）以及剩余混合效率（RME）的影响；其次，从不同地区、不同规模城市和不同类型城市考察高速铁路开通对经济高质量发展的影响；最后，运用剔除特殊样本、内生性检验和 PSM-DID 等方法来进行稳健性检验，以确保结论的稳健性。

第二节　双重差分模型设定

一、模型介绍

考察高速铁路开通对经济发展的影响常见的方法包括两种：第一种方法是利用横截面数据，运用"有无对比法"横向比较开通高速铁路的城市和未开通高速铁路的城市对经济发展的影响，但这种方法并不能证明高速铁路就是其重要因素。第二种方法是利用时间序列数据，纵向比较一个城市在开通高速铁路和未开通高速铁路时其经济发展的变化，这种方法的缺陷是无法比较高速铁路开通前后的差异，因为随着时间的推移，经济发展水平必定发生变化，故也无法证明某一个城市经济增长是由高速铁路的开通引起的。

高速铁路开通可以被认为是实施的一项新的政策实验，政策的实施会影响其中一部分区域，而另外一些区域可能不受其政策的影响或受其政策影响不显著，这项政策实验即外生事件被称为自然试验（Natural Experiment）或准实验（Quasi-Experiment），而不是随机对照试验。双重差分估计模型（Difference-in-Differences，DID）最初是由 Ashenfelter 和 Card 提出来的[170]，被用来评估在经济和金融等领域中该政策实施的效果，在该方法中受政策影响的城市作为处理组，不受政策影响的城市作为控制组，本书借鉴石大千等的研究方法[171]，将个体虚拟变量和时间虚拟变量交互项引入模型，从而更准确地评估高速铁路对经济高质量发展的效应。根据上述分析，基于 DID 方法的回归模型设定如下所示：

$$Y_{it} = \beta_0 + \beta_1 H_{it} \times T_{it} + \beta_2 Z_{it} + \varepsilon_{it} \tag{6-1}$$

其中，Y_{it} 表示为城市 i 在时期 t 的经济高质量发展指数及其分解指数；H_{it} 表示个体虚拟变量，反映 t 年开通高速铁路的城市取值为 1，未开通高速铁路的城市取值为 0；T_{it} 表示时间虚拟变量，反映了开通高速铁路的年份取值为 1，反之取值为 0；$H_{it} \times T_{it}$ 表示城市 i 在 t 年是否开通高速铁路（若城市 i 在 t 年开通高速铁路，$H_{it} \times T_{it} = 1$；若城市 i 在 t 年没有开通高速铁路，$H_{it} \times T_{it} = 0$）；系数 β_1 主要用于分析高速铁路开通对经济高质量发展的影响效应；Z_{it} 为控制变量，系数 β_2 表示控制变量对经济高质量发展的影响效应；ε_{it} 表示随机扰动项。

二、模型设定

本节采用 DID 模型，将全国 286 个地级及以上城市分为开通高速铁路的城市和未开通高速铁路的城市，在该方法中受政策影响开通高速铁路的城市作为处理组，不受政策影响未开通高速铁路的城市作为控制组，根据相关文献，本节通过 DID 方法来分别考察处理组和控制组数据对经济高质量发展的影响效应，设定的模型如下：

$$TFP_{it} = \beta_0 + \beta_1 H_{it} \times T_{it} + \beta_2 Hum_{it} + \beta_3 Road_{it} + \beta_4 Urb_{it} + \beta_5 Fdi_{it} + \beta_6 Gov_{it} + \varepsilon_{it} \tag{6-2}$$

$$OTE_{it} = \beta_0 + \beta_1 H_{it} \times T_{it} + \beta_2 Hum_{it} + \beta_3 Road_{it} + \beta_4 Urb_{it} + \beta_5 Fdi_{it} + \beta_6 Gov_{it} + \varepsilon_{it} \tag{6-3}$$

$$OSE_{it} = \beta_0 + \beta_1 H_{it} \times T_{it} + \beta_2 Hum_{it} + \beta_3 Road_{it} + \beta_4 Urb_{it} + \beta_5 Fdi_{it} + \beta_6 Gov_{it} + \varepsilon_{it} \tag{6-4}$$

$$RME_{it} = \beta_0 + \beta_1 H_{it} \times T_{it} + \beta_2 Hum_{it} + \beta_3 Road_{it} + \beta_4 Urb_{it} + \beta_5 Fdi_{it} + \beta_6 Gov_{it} + \varepsilon_{it} \tag{6-5}$$

其中，i 表示城市，t 表示年份；TFP_{it} 代表 i 城市第 t 年的经济高质量发展水平；OTE_{it}、OSE_{it} 和 RME_{it} 分别代表 i 城市第 t 年的技术效率、规模效率和剩余混合效率；$H_{it} \times T_{it}$ 衡量不同城市在不同年份是否开通高速铁路；Hum_{it}、$Road_{it}$、Urb_{it}、Fdi_{it}、Gov_{it} 为控制变量，分别为人力资本、基础设施、城镇化水平、外商直接投资和政府干预程度；ε_{it} 为随机扰动项。公式（6-2）检验了高速铁路开通对经济高质量发展指数的影响，公式（6-3）至公式（6-5）则分别以技术效率、规模效率和剩余混合效率为被解释变量检验了高速铁路开通对经济高质量发展分解指数的影响。

第三节　数据说明与变量选取

一、数据说明

为了从实证方面探究高速铁路开通对中国经济高质量发展的影响，本节利用2005~2018年的地级及以上城市相关数据进行分析和检验，需要指出的是，其间国务院撤销了安徽省的巢湖市，并将其所辖地区划归合肥、芜湖、马鞍山三市管辖，在贵州省设立铜仁和毕节两个地级市，并在海南省成立三沙市，因此地级及以上城市数量由287个变为289个。为统一口径，本书最终选择除巢湖、铜仁、毕节、三沙的286个地级及以上的城市数据为样本。数据主要来源于历年的《中国城市统计年鉴》《中国统计年鉴》和《中国区域经济统计年鉴》，对于数据缺失的城市，采用CEIC数据库和地区统计公报进行查找。本书将2005年作为研究的起始时间，将2008年作为政策执行的起点。

二、变量选取

（一）被解释变量

本节选取基于Färe-Primont指数测度的经济高质量发展指数（TFP）及其分解指数技术效率（OTE）、规模效率（OSE）和剩余混合效率（RME）为被解释变量，样本数据为第五章测算的结果。

（二）解释变量

高速铁路开通（$H \times T$）是本书的核心解释变量，也是政策虚拟变量，表示城市i在t年是否开通高速铁路，如果城市i在t年开通高速铁路，则$H \times T = 1$；如果城市i在t年没有开通高速铁路，则$H \times T = 0$。高速铁路开通以该地级市高速铁路通车时间为准。

（三）控制变量

人力资本（Hum）是影响区域经济发展的重要决定因素，作为创新主体的人力资本可以通过提高劳动者素质而影响经济高质量发展，同时也是实施高速铁路建设战略的一种关键投入品，并且会产生技术进步。本节采用每万人中高等学校在校学生数来衡量人力资本。

基础设施（$Road$）是城市综合服务功能的载体，城市道路作为区域内经济联系的纽带，在社会发展过程中占据着关键性的位置。完善的基础设施可达性和便捷性的程度越高，就越能够吸引投资，从而会对经济发展产生一定的影响。本节采用人均城市道路面积来衡量城市基础设施水平。

城镇化水平（*Urb*）是现代化的必由之路，既是解决农业、农村、农民问题的重要途径，也是推动经济高质量发展的重大引擎，城镇化水平可以通过人口城镇化率指标来衡量，人口城镇化表示城镇人口规模扩张的程度。本节采用市辖区人口数量占全市人口数量的比重来衡量城镇化水平。

对外开放程度（*Fdi*）由于外资的进入能够带来更多的先进技术和管理经验，有利于进一步提升经济增长实力，但是外商投资在低端、附加值不高的制造业领域所占份额相对较大，因此对经济高质量发展的影响并不确定。本节采用外商直接投资占 GDP 的比重来衡量对外开放程度。

政府干预程度（*Gov*）在适当范围内有利于资源实现最优配置并对经济高质量发展产生正向效应，但如果政府过度干预市场或财政支出缺乏效率，就会对经济增长造成负面影响，所以政府干预的系数并不确定。本节采用政府支出占 GDP 的比重来衡量政府干预程度。

主要变量描述性统计如表 6-1 所示。

表 6-1　主要变量的描述性统计量 A

变量名称	变量符号	计算方法	均值	最小值	最大值
经济高质量发展	*TFP*	Färe-Primont 指数法	0.201	0.000	0.950
技术效率	*OTE*		0.808	0.196	1.000
规模效率	*OSE*		0.566	0.115	1.000
剩余混合效率	*RME*		0.641	0.001	1.000
高速铁路开通	*H×T*	高速铁路开通＝1；高速铁路未开通＝0	0.304	0	1
人力资本	*Hum*	每万人在校大学生数的对数	4.442	0.000	7.180
基础设施	*Road*	人均道路建设面积的对数	2.253	-3.912	4.685
城镇化水平	*Urb*	市辖区人口/全市人口	0.353	0.000	1.000
对外开放程度	*Fdi*	外商直接投资/GDP	0.018	0.000	0.198
政府干预程度	*Gov*	财政支出/GDP	0.173	0.042	0.915

第四节　实证结果与分析

一、高速铁路对经济高质量发展及其分解指标的影响分析

表6-2中列（1）至列（8）分别为高速铁路开通对经济高质量发展指数、技术效率、规模效率和剩余混合效率的实证结果。

表6-2　高速铁路对经济高质量发展及其分解指标的实证结果

变量	（1）	（2）	（3）	（4）	（5）	（6）	（7）	（8）
	TFP	TFP	OTE	OTE	OSE	OSE	RME	RME
H×T	0.085***	0.036***	0.125***	0.060***	-0.236***	-0.117***	0.069***	-0.013
	（0.003）	（0.003）	（0.006）	（0.006）	（0.006）	（0.006）	（0.009）	（0.010）
Hum		0.027***		0.031***		-0.056***		0.029***
		（0.003）		（0.006）		（0.006）		（0.010）
Road		0.072***		0.110***		-0.085***		0.094***
		（0.004）		（0.007）		（0.007）		（0.011）
Urb		0.138***		0.156***		-0.274***		0.111*
		（0.024）		（0.040）		（0.040）		（0.065）
Fdi		-0.579***		1.511***		1.285***		-1.495***
		（0.108）		（0.177）		（0.176）		（0.283）
Gov		0.185***		0.529***		-1.142***		0.635***
		（0.032）		（0.052）		（0.052）		（0.084）
Cons	0.174***	-0.163***	0.771***	0.228***	0.638***	1.316***	0.620***	0.183***
	（0.001）	（0.018）	（0.003）	（0.030）	（0.003）	（0.030）	（0.004）	（0.048）
N	4004	4004	4004	4004	4004	4004	4004	4004
R^2	0.132	0.269	0.126	0.258	0.267	0.479	0.015	0.087

注：括号内代表稳健标准差，***、**、*分别代表在1%、5%、10%的水平上显著。

表6-2中列（1）和列（2）为高速铁路开通对经济高质量发展指数的影响，从整体上看，高速铁路开通对经济高质量发展具有显著的促进作用，一个

城市开通高速铁路，经济高质量发展水平会提高 8.5%，考虑控制变量之后结果依然十分显著，经济高质量发展水平会提高 3.6%，这是因为高速铁路开通能够使沿线城市联系更加紧密，有助于实现区域经济一体化发展，进而推动经济高质量发展。对于控制变量，研究发现人力资本显著地促进了经济高质量发展，表明教育质量的提升促进了知识的生产以及专业化人力资本的积累，使生产函数呈现报酬递增的特性；基础设施显著地促进了经济高质量发展，随着基础设施的不断完善，有利于扩大市场需求和供给容量，从而促进经济发展；城镇化水平促进了经济高质量发展，这说明随着人口逐渐向城镇集聚，产业结构不断进行升级，对经济高质量发展的促进作用越来越明显；对外开放程度对经济高质量发展具有抑制作用但显著，这是因为外商对制造业的投入更多地转向对服务业的投入，造成了一些负面影响；政府干预程度对经济高质量发展具有显著的促进作用，这说明政府的干预程度在合理范围内可以很大程度上提高交换效率，并且更多地让位于市场经济机制，促进经济高质量发展。

表 6-2 中列（3）和列（4）为高速铁路开通对技术效率指数的影响，可以发现高速铁路开通显著地促进了技术效率水平，考虑控制变量之后结果依然十分显著，说明高速铁路开通推动了技术进步，这是因为高速铁路开通促进了区域间的知识和技术溢出，激励落后地区不断改进技术和优化创新环境，进而推动经济高质量发展。各控制变量中人力资本、基础设施、城镇化水平、对外开放程度以及政府干预程度对技术效率呈现显著的正向促进作用，也基本符合预期，与高速铁路开通对经济高质量发展的影响的结论基本一致。

表 6-2 中列（5）和列（6）为高速铁路开通对规模效率指数的影响，可以发现高速铁路开通显著地抑制了规模效率水平，这可能是因为随着高速铁路的开通，发达地区对人口的吸引力较大，居民为追求更高质量的生活更倾向于选择距离高铁站更近的城市，造成了城市集聚度的不断提升，引起了交通、房价等成本的上升，产生了"拥挤效应"，形成了"大城市病"，从而抑制了经济规模的效率，进而导致规模效率损失。各控制变量中人力资本、基础设施、城镇化水平和政府干预程度对规模效率为显著的负向影响。

表 6-2 中列（7）和列（8）为高速铁路开通对剩余混合效率指数的影响，可以看出在不考虑控制变量的情况下高速铁路开通促进了剩余混合效率，提高了资源合理配置效率。这是因为高速铁路开通加快了劳动力、资本等经济要素的快速流动，使沿线区域在更短的时间内实现了要素在更广范围的有效衔接和交换流动，提高了要素资源合理配置的效率，产生更大的经济效益，进而推动经济高质量发展。考虑控制变量后高速铁路开通对剩余混合效率指标的系数并不显著，人

力资本、基础设施、城镇化水平和政府干预程度对经济高质量发展产生显著的正向影响。

二、高速铁路对不同地区经济高质量发展的影响分析

本节将样本城市划分为东部地区城市、中部地区城市和西部地区城市，研究高速铁路开通对不同地区经济高质量发展的异质性影响。

表6-3中的列（1）至列（6）报告了东部地区、中部地区和西部地区的经济高质量发展实证结果，从模型估计结果可以看出，高速铁路开通对东部、中部、西部地区均具有显著的促进作用，在考虑控制变量的情况下，东部、中部和西部地区的影响系数分别为0.043、0.021和0.020，均通过1%的显著性水平检验，这说明相较于中部地区和西部地区，东部地区的经济高质量发展受高速铁路开通的影响更大，这可能是因为东部地区城市具备更为先进的技术要素和较大的市场规模，有利于更多的高端企业和高素质人才集聚在这一地区，使东部地区城市经济发展达到较高水平，而且东部地区特大城市和大城市较多，且分布着更多先进、附加值高的生产性服务业，产业结构更高端，所以高速铁路开通对东部地区的影响程度大于中部地区和西部地区。同时，高速铁路开通也带动了中部地区和西部地区经济的发展，有利于实现经济均衡发展。

从其他控制变量来看，人力资本在东部、中部、西部地区对经济高质量发展的影响效应显著为正，这是因为高素质人才作为知识和技术的重要载体在区域之间流动，促进了知识和技术的溢出，进而推动经济发展；基础设施在各个地区对经济高质量发展的影响显著为正，这是因为城市基础设施作为经济社会发展的基础和必备条件，能够间接地影响企业经济效益，进而推动经济高质量发展；城镇化水平在东部地区对经济高质量发展的影响效应显著为正，这说明随着人口逐渐向城镇集聚，产业结构不断进行升级，并推动了经济高质量发展；对外开放程度在东部、中部、西部地区的影响为负，这是因为外商直接投资对制造业的投入更多地转向对服务业的投入，不利于推动经济高质量发展；政府干预程度在中部地区和西部地区对经济高质量发展的影响程度最为显著，这是因为国家在区域协调发展阶段实施促进中部地区崛起、推进西部大开发和扶持"老少边穷"地区发展和资源枯竭城市转型的政策以来，中部和西部地区的城市逐渐成为重点开发区域，并且政策倾斜程度不一样导致各区域的经济高质量发展程度不同。

表 6-3　高速铁路对不同地区经济高质量发展的实证结果

变量	(1) 东部城市	(2) 东部城市	(3) 中部城市	(4) 中部城市	(5) 西部城市	(6) 西部城市
$H \times T$	0.101 ***	0.043 ***	0.077 ***	0.021 ***	0.067 ***	0.020 ***
	(0.006)	(0.007)	(0.006)	(0.005)	(0.007)	(0.007)
Hum		0.045 ***		0.036 ***		0.021 ***
		(0.011)		(0.006)		(0.004)
$Road$		0.105 ***		0.057 ***		0.065 ***
		(0.011)		(0.007)		(0.006)
Urb		0.240 ***		0.009		0.061
		(0.040)		(0.048)		(0.045)
Fdi		−0.533 ***		−0.132		−0.638 *
		(0.172)		(0.170)		(0.326)
Gov		0.064		0.434 ***		0.109 ***
		(0.102)		(0.053)		(0.038)
$Cons$	0.206 ***	−0.337 ***	0.163 ***	−0.185 ***	0.148 ***	−0.107 ***
	(0.003)	(0.055)	(0.002)	(0.029)	(0.003)	(0.023)
N	1414	1414	1400	1400	1190	1190
R^2	0.173	0.282	0.126	0.325	0.072	0.259

注：括号内代表稳健标准差，***、**、*分别代表在1%、5%、10%的水平上显著。

三、高速铁路对不同规模城市经济高质量发展的影响分析

本节以 2018 年为基准样本数据，按照市辖区人口数量将城市分为大城市（100 万人口以上）、中等城市（50 万～100 万人口）和小城市（50 万人口以下），城市数量分别为 161 个、88 个和 38 个，分别考察高速铁路开通对不同规模城市经济高质量发展的异质性影响。

表 6-4 的列（1）至列（6）分别报告了大城市、中等城市、小城市经济高质量发展的实证结果，在考虑控制变量的情况下，大城市、中等城市和小城市的影响系数分别为 0.038、0.024 和 0.026，均通过显著性水平检验，这说明相较于中等城市和小城市，大城市的经济高质量发展受高速铁路开通的影响更大，这是因为人口规模较大的城市在吸引科技人才和资本投资等方面具有先天的优势，高

速铁路开通显著提升了区位条件，降低了运输成本，加快了要素在区域间的流动，有利于实现信息共通和资源共享，形成良性互动，极大地促进了经济高质量发展。对于人口规模较小的城市而言，高速铁路开通初期可能会导致小城市的要素资源向大城市转移，但随着大城市租金的提高，生产要素也会向中小城市扩散，在向心力和离心力的共同作用下高速铁路开通促进了中等城市和小城市的经济发展。

从其他控制变量来看，人力资本对大城市、中等城市、小城市的影响效应均显著为正，主要是因为对于人口规模较大的城市，人力资本相对充足，从而对经济高质量发展的影响十分显著；对于中等城市和小城市而言，高素质人才作为知识的重要载体在区域之间的流动促进先进的技术向中等城市和小城市传播和扩散，进而推动经济发展。基础设施对经济高质量发展的影响在大城市、中等城市、小城市均显著为正，完善的基础设施可以提高居民生活质量，提升居民对城市凝聚力，进而影响经济发展。城镇化水平对大城市经济高质量发展的影响显著为正，这说明推进城镇化进程有利于缩小城乡差距和消除城乡二元经济，因此倡导新型城镇化建设，实现以人为本，能够推动经济发展。对外开放程度对经济高质量发展的影响在大城市和中等城市为负向效应。政府干预程度对大城市、中等城市、小城市的经济高质量发展均显著为正，这说明适度的政府支出有效地实现了资源配置最优化，能够推动经济高质量发展。

表6-4 高速铁路对不同规模城市经济高质量发展的实证结果

变量	(1)	(2)	(3)	(4)	(5)	(6)
	大城市	大城市	中等城市	中等城市	小城市	小城市
$H \times T$	0.091 ***	0.038 ***	0.078 ***	0.024 ***	0.072 ***	0.026 *
	(0.004)	(0.005)	(0.006)	(0.006)	(0.014)	(0.013)
Hum		0.029 ***		0.026 ***		0.026 ***
		(0.007)		(0.005)		(0.007)
Road		0.073 ***		0.076 ***		0.067 ***
		(0.007)		(0.006)		(0.010)
Urb		0.173 ***		0.008		-0.015
		(0.031)		(0.066)		(0.063)
Fdi		-0.782 ***		-0.264		0.273
		(0.140)		(0.197)		(0.336)

续表

变量	(1)	(2)	(3)	(4)	(5)	(6)
	大城市	大城市	中等城市	中等城市	小城市	小城市
Gov		0.197***		0.219***		0.155**
		(0.063)		(0.042)		(0.063)
Cons	0.191***	−0.180***	0.154***	−0.145***	0.149***	−0.146***
	(0.002)	(0.033)	(0.002)	(0.028)	(0.004)	(0.033)
N	2254	2254	1218	1218	532	532
R^2	0.153	0.263	0.125	0.318	0.047	0.249

注：括号内为检验统计值所对应的标准差，***、** 和 * 分别表示为1%、5%和10%的显著性水平。

四、高速铁路对不同类型城市经济高质量发展的影响分析

本节进一步探究高速铁路开通对中心城市和非中心城市、沿海城市和内陆城市经济高质量发展的影响程度。

（一）中心城市和非中心城市

中心城市包括直辖市和省会城市，直辖市作为全国行政级别最高、城市能级最强的标杆城市，在经济发展格局中具有重要的战略地位，是我国经济发展的核心区。省会城市是各省（区）行政中心，也是经济发展的核心区，在经济高质量发展中起着至关重要的作用，其余城市为非中心城市。中心城市和非中心城市的数量分别为31个和255个。

表6-5报告了高速铁路开通对中心城市和非中心城市经济高质量发展的实证结果，列（1）为不考虑控制变量的中心城市实证结果；列（2）为考虑控制变量的中心城市实证结果；列（3）为不考虑控制变量的非中心城市实证结果；列（4）为考虑控制变量的非中心城市实证结果。研究结果表明，在不考虑控制变量的情况下，对比列（1）和列（3），高速铁路开通对中心城市和非中心城市的影响系数分别为0.104和0.083，高速铁路开通对中心城市的经济影响程度大于非中心城市的经济影响程度；在考虑控制变量的情况下，对比列（2）和列（4），高速铁路开通对中心城市和非中心城市的影响系数分别为0.081和0.031，同样也是高速铁路开通对中心城市的经济影响程度大于非中心城市，这是因为高速铁路开通加快了地区之间的要素流动，有利于高素质人才和高新技术企业向经济基础雄厚的中心城市集聚，进一步促进了中心地区的经济增长，随着高速铁路的大规模建设，促使要素由中心城市向非中心城市扩散，从而形成了城市之间的

分工合作，改变了空间布局，同时有利于非中心城市实现经济高质量发展。

从其他控制变量来看，由于中心城市的人力资本已经具有先天的优势，从而对经济高质量发展的影响并不是十分显著，但是在非中心城市，人才的流动加速了信息共通和资源共享，形成良性互动，极大地促进了经济高质量发展。基础设施和城镇化水平对非中心城市经济高质量发展呈现显著的正向效应。对外开放程度对中心城市经济高质量发展呈现正向效应但不显著，这可能是中心城市以区位优势吸引到更多的外商投资，而且外商直接投资也比较看重中心城市的广阔市场前景，从而外商投资对中心地区的经济高质量发展具有一定程度的促进作用；对外开放程度对非中心城市经济高质量发展呈现显著的负向效应，这可能是因为非中心城市吸引外商投资的能力有限，从而不利于经济高质量发展。政府干预程度对中心城市和非中心城市经济高质量发展呈现正向效应，这是因为适度的政府支出能够有效地实现资源配置最优化。

表 6-5　高速铁路对中心城市和非中心城市经济高质量发展的实证结果

变量	(1)	(2)	(3)	(4)
	中心城市	中心城市	非中心城市	非中心城市
$H \times T$	0.104 ***	0.081 ***	0.083 ***	0.031 ***
	(0.009)	(0.011)	(0.004)	(0.004)
Hum		0.023		0.027 ***
		(0.020)		(0.004)
Road		0.041 *		0.074 ***
		(0.021)		(0.004)
Urb		0.043		0.158 ***
		(0.068)		(0.027)
Fdi		0.089		−0.678 ***
		(0.292)		(0.116)
Gov		0.104		0.199 ***
		(0.159)		(0.032)
Cons	0.164 ***	−0.121	0.175 ***	−0.163 ***
	(0.006)	(0.128)	(0.001)	(0.017)
N	434	434	3570	3570
R^2	0.241	0.264	0.118	0.275

注：括号内为检验统计值所对应的标准差，***、** 和 * 分别表示为1%、5%和10%的显著性水平。

（二）沿海城市和内陆城市

沿海城市的划分标准来自《中国海洋统计年鉴》，目前我国有 53 个沿海城市。沿海城市具有优越的地理区位和良好的外部环境，是经济发达、人口承载力高的地区，与海外市场联系紧密，其国内生产总值一直占全国的 60% 以上。相较于沿海城市，内陆城市人口数量众多、地形地貌复杂、自然资源丰富，但经济规模总量较低。

表 6-6 中的列（1）至列（4）分别报告了高速铁路开通对沿海城市和内陆城市的实证结果，列（1）为不考虑控制变量的沿海城市实证结果；列（2）为考虑控制变量的沿海城市实证结果；列（3）为不考虑控制变量的内陆城市实证结果；列（4）为考虑控制变量的内陆城市实证结果。研究结果表明，在不考虑控制变量的情况下，对比列（1）和列（3），高速铁路开通对沿海城市和内陆城市的影响系数分别为 0.099 和 0.081，高速铁路开通对沿海城市的经济影响程度效应大于内陆城市的经济影响程度；在考虑控制变量的情况下，对比列（2）和列（4），高速铁路开通对沿海城市和内陆城市的影响系数分别为 0.051 和 0.035，同样也是高速铁路开通对沿海城市的经济影响程度大于内陆城市，这是因为改革开放以来，东部沿海地区受惠于国家采取的区域非均衡发展战略，促使沿海经济快速增长，逐渐拉大了沿海地区与内陆地区的差距，内陆地区的交通基础设施供给能力总体上不如沿海地区，且交通物流方式有所不同，导致内陆城市发展落后于沿海地区。随着高速铁路大规模建设，吸引了大量沿海产业投资向内陆城市迁移，促使内陆经济增长速度追赶沿海地区，实现经济高质量发展。

从其他控制变量来看，人力资本对内陆城市经济高质量发展呈现显著的正向效应，这是因为与沿海城市相比，内陆城市人才相对匮乏，随着高速铁路开通吸引了更多优质资源集聚，从而促进包含高素质人才在内的劳动力迁徙，而高素质劳动力的引入能够发挥更多的优势，进而积极推动经济高质量发展；基础设施对沿海城市和内陆城市经济高质量发展呈现显著的正向效应，这是因为城市道路是国民经济的重要基础设施，是连接城乡物资交流的重要纽带，完善的基础设施能够带动经济发展；城镇化水平对沿海城市和内陆城市经济高质量发展呈现正向效应，这是因为城镇化进程越快越有利于缩小城乡差距和消除城乡二元经济，进而推动经济发展；对外开放程度对沿海城市和内陆城市经济高质量发展呈现显著的负向效应；政府干预程度对内陆城市经济高质量发展呈现显著的正向效应，这是因为自国家实施促进中部地区崛起、振兴东北老工业基地、推进西部大开发和扶持"老少边穷"地区发展和资源枯竭城市转型的政策以来，内陆城市逐渐成为中国宏观层面的重点开发区域，使中国整体经济实现高质量发展。

表6-6　高速铁路对沿海城市和内陆城市经济高质量发展的实证结果

变量	（1）沿海城市	（2）沿海城市	（3）内陆城市	（4）内陆城市
$H \times T$	0.099 ***	0.051 ***	0.081 ***	0.035 ***
	（0.009）	（0.012）	（0.003）	（0.003）
Hum		0.014		0.029 ***
		（0.012）		（0.003）
$Road$		0.123 ***		0.066 ***
		（0.016）		（0.004）
Urb		0.301 ***		0.043
		（0.051）		（0.029）
Fdi		−0.566 **		−0.521 ***
		（0.244）		（0.125）
Gov		−0.106		0.209 ***
		（0.193）		（0.030）
$Cons$	0.204 ***	−0.254 ***	0.168 ***	−0.140 ***
	（0.005）	（0.068）	（0.001）	（0.018）
N	742	742	3262	3262
R^2	0.150	0.255	0.125	0.287

注：括号内为检验统计值所对应的标准差，*** 、** 和 * 分别表示为1%、5%和10%的显著性水平。

第五节　稳健性检验

一、剔除特殊样本

为了确保结论的稳健性，本节分别剔除了特殊样本和采用了解释变量滞后项的方法来进行检验，估计结果如表6-7所示。首先，考虑到直辖市与其他城市相比行政级别高、经济总量大，故剔除容易对结果造成干扰的特殊样本，又为了缓解未开通高速铁路的城市对估计结果的异质性影响，从而排除样本期未开通高速铁路的城市，列（1）和列（2）表明高速铁路开通的系数依然显著为正，支持前文结论；其次，鉴于高速铁路开通并不会立刻产生一定的经济效应，故对主要解释变量进行了滞后一期和滞后二期的处理，估计结果如列（3）和列（4）所示，结果表明相关结论依然成立，再次彰显了前文结论的可靠性。

表 6-7　高速铁路对经济高质量发展的影响：稳健性分析

变量	(1) 剔除直辖市	(2) 剔除未开通高速 铁路的城市	(3) 解释变量 滞后一期	(4) 解释变量 滞后二期
$H{\times}T$	0.035 ***	0.042 ***	0.020 ***	0.009 **
	(0.004)	(0.005)	(0.004)	(0.004)
Hum	0.027 ***	0.036 ***	0.023 ***	0.017 ***
	(0.004)	(0.006)	(0.004)	(0.004)
$Road$	0.074 ***	0.065 ***	0.071 ***	0.069 ***
	(0.004)	(0.007)	(0.004)	(0.005)
Urb	0.141 ***	0.127 ***	0.152 ***	0.162 ***
	(0.025)	(0.028)	(0.025)	(0.026)
Fdi	−0.589	−0.601	−0.628 ***	−0.605 ***
	(0.108)	(0.123)	(0.118)	(0.126)
Gov	0.179 ***	0.085	0.176 ***	0.113 ***
	(0.007)	(0.052)	(0.035)	(0.037)
$Cons$	−0.166 ***	−0.175 ***	−0.138 ***	−0.089 ***
	(0.183)	(0.029)	(0.020)	(0.022)
N	3948	2482	3718	3432
R^2	0.269	0.287	0.200	0.140

注：括号内为检验统计值所对应的标准差，***、** 和 * 分别表示为 1%、5% 和 10% 的显著性水平。

二、内生性检验

为了解决内生性问题，本节采用常用的工具变量法来解决这一内生问题。本节借鉴刘勇政和李岩[32]的方法，选择历史年份 1991 年客运总量来构造高速铁路开通的工具变量，基于两阶段最小二乘法（2SLS）进行估计，估计结果如表 6-8 所示。具体而言，选择 1991 年客运总量与各年份虚拟变量的交互项作为工具变量的原因主要包括两个方面：第一，历史年份的客运总量反映了该地区的交通基础设施水平，可以判断出该地区建设高速铁路的可能性，因此历史客运量与高速铁路开通高度相关；第二，目前城市的经济发展水平与 1991 年的客运总量之间没有明显的相关关系，并不会影响该城市的历史客运总量。因此，选取该工具变量满足了相关性和外生性假设。表6-8的估计结果表明，2005~2008年历史客运总量与各年份虚拟变量的交互项的估计系数不显著，这说明工具变量满足外生性要求；在不考虑控制变量的情况下，2009~2012年和2013~2018年交互项的估计系数在1%水平上显著为正，这表明随着高速铁路大规模修建，对经济高质量发展产生的正向效应逐渐增强，这与预期一样，说明工具变量也满足相关性要求。

表6-8 高速铁路对经济高质量发展的影响：内生性检验

变量	全样本（2005~2008年）		全样本（2009~2012年）		全样本（2013~2018年）	
	（1）	（2）	（3）	（4）	（5）	（6）
1991年客运量×虚拟变量	0.087	0.059	0.119 ***	0.066 **	0.229 ***	0.321 **
	（0.061）	（0.053）	（0.025）	（0.030）	（0.049）	（0.139）
Hum		0.008 ***		−0.008 **		−0.036 **
		（0.001）		（0.003）		（0.014）
Road		0.033 ***		0.050 ***		0.063 ***
		（0.003）		（0.005）		（0.015）
Urb		0.044 ***		0.097 ***		0.081 ***
		（0.008）		（0.012）		（0.022）
Fdi		−0.207 **		−0.833 ***		−1.321 ***
		（0.093）		（0.177）		（0.510）
Gov		−0.363 ***		−0.412 ***		−0.043
		（0.037）		（0.035）		（0.165）
Cons	0.112 ***	0.046 ***	0.203 ***	0.192 ***	0.102 ***	0.061
	（0.002）	（0.011）	（0.006）	（0.016）	（0.030）	（0.082）
N	1144	1144	1430	1430	1430	1430
R^2	0.012	0.303	0.069	0.323	—	—

注：括号内为检验统计值所对应的标准差，***、**和*分别表示为1%、5%和10%的显著性水平。

三、PSM-DID 检验法

本节运用Logit模型回归得到各个城市属于处理组或者控制组的概率，选择人力资本、基础设施、城镇化水平、对外开放程度和政府干预程度作为 PSM 的匹配变量，计算得到各个城市的倾向得分，使用一对一匹配得到与处理组相对应的控制组，匹配后相比匹配前解决了选择性偏差问题，其值更能精准地估计高速铁路开通对经济高质量发展的影响程度，PSM-DID 的回归结果如表 6-9 所示。表 6-9 中列（1）表明高速铁路开通对匹配之后全样本经济高质量发展的影响显著为正，采用 PSM-DID 估计的结果与前文双重差分的结果一致；同时，检验了高速铁路开通对不同地区和不同城市的异质性影响，高速铁路开通对小城市的影响并不显著，这可能是因为样本量的减少而产生了一定的偏误，而高速铁路开通对东部地区、中部地区、西部地区、大城市、中等城市、沿海城市和内陆城市的影响与前文结论一致，进一步证实了上述分析的稳健性。

表 6-9   高速铁路对经济高质量发展的影响：PSM-DID 稳健性检验

变量	全样本	东部地区	中部地区	西部地区	大城市	中等城市	小城市	沿海城市	内陆城市
	(1)	(2)	(3)	(4)	(5)	(6)	(7)	(8)	(9)
$H \times T$	0.416 ***	0.061 ***	0.031 ***	0.016 *	0.052 ***	0.019 **	0.013	0.067 ***	0.036 ***
	(0.004)	(0.009)	(0.007)	(0.009)	(0.007)	(0.007)	(0.017)	(0.014)	(0.004)
Hum	0.036 ***	0.021	0.038 ***	0.058 ***	0.030 **	0.033 ***	0.050 ***	0.026	0.044 ***
	(0.007)	(0.014)	(0.011)	(0.013)	(0.013)	(0.009)	(0.016)	(0.021)	(0.007)
$Road$	0.072 ***	0.092 ***	0.054 ***	0.069 ***	0.073 ***	0.079 ***	0.066 ***	0.081 ***	0.070 ***
	(0.006)	(0.014)	(0.010)	(0.011)	(0.010)	(0.010)	(0.018)	(0.021)	(0.006)
Urb	0.143 ***	0.242 ***	0.022	0.012	0.172 ***	0.126	-0.019	0.297 ***	0.020
	(0.027)	(0.043)	(0.056)	(0.048)	(0.035)	(0.093)	(0.060)	(0.057)	(0.032)
Fdi	-0.491 ***	-0.423 **	-0.198	-0.651 *	-0.547 ***	-0.344	0.566	-0.458	-0.597 ***
	(0.136)	(0.215)	(0.216)	(0.385)	(0.172)	(0.229)	(0.711)	(0.310)	(0.151)
Gov	-0.012	-0.212 *	0.231 ***	-0.047	-0.096	0.036	0.079	-0.547 **	0.053
	(0.051)	(0.127)	(0.084)	(0.063)	(0.093)	(0.067)	(0.101)	(0.232)	(0.046)
$Cons$	-0.190 ***	-0.180 **	-0.168 ***	-0.250 ***	-0.172 ***	-0.181 ***	-0.226 ***	-0.181 *	-0.193 ***
	(0.037)	(0.078)	(0.052)	(0.058)	(0.06)	(0.050)	(0.073)	(0.109)	(0.037)
N	2436	1012	805	619	1509	652	275	555	1881
R^2	0.198	0.214	0.214	0.209	0.199	0.244	0.189	0.177	0.235

注：括号内为检验统计值所对应的标准差，***、** 和 * 分别表示为 1%、5% 和 10% 的显著性水平。

第六节　本章小结

在中国特色社会主义进入新发展阶段的时代背景下，发挥高速铁路的经济效应、确保经济运行在合理区间、实现经济高质量发展至关重要。本章构建了高速铁路开通影响经济高质量发展的计量模型，以高速铁路开通作为准自然实验，基于 2005~2018 年中国 286 个地级及以上城市的面板数据，运用双重差分法实证检验了高速铁路对经济高质量发展的影响，本章得出以下结论：

第一，高速铁路开通对经济高质量发展指数、技术效率、规模效率以及剩余混合效率的影响存在异质性。从整体上来看，高速铁路开通对经济高质量发展具有显著的促进作用，这是因为高速铁路开通能够缩短城市之间的时空距离，降低运输成本和交通成本，加强了城市之间经济联系的紧密程度，使各类资源在交通网络内实现重新配置，有助于实现区域经济一体化发展。从分解指标来看，高速铁路开通促进了技术效率和剩余混合效率的提升，却抑制了规模效率。这是因为高速铁路开通十分有利于区域之间的合作，促进城市之间的知识及技术溢出，激励技术不断改进和创新环境改善，提高技术创新效率，并优化人才、资本、技术等资源配置状况，从而促进了表征技术进步的技术效率和表征要素资源配置的剩余混合效率水平的提升，但是随着城市集聚度的不断提升，交通、房价等成本上升，导致"拥挤效应"，造成规模效率损失，从而抑制了规模效率。

第二，高速铁路开通对不同地区、不同规模城市、不同类型城市经济高质量发展的影响存在异质性。高速铁路开通对相对发达的东部地区和相对不发达的中部、西部地区经济高质量发展均产生了显著的正向效应，而对东部地区经济高质量发展的影响大于中部地区和西部地区。高速铁路开通对大城市、中等城市、小城市的经济高质量发展均产生了显著的正向效应，相较于中等城市和小城市，大城市的经济高质量发展受高速铁路开通的影响更大。高速铁路开通对中心城市、非中心城市、沿海城市和内陆城市的经济高质量发展均产生了显著的正向效应，高速铁路开通对中心城市的经济影响程度大于非中心城市，对沿海城市的经济影响程度大于内陆城市。这是因为改革开放以来，东部沿海地区受惠于国家采取的区域非均衡发展战略，促使沿海经济快速增长，逐渐拉大了沿海地区与内陆地区的差距，但是随着高速铁路大规模建设，吸引了大量沿海产业投资向内陆城市迁移，促使内陆城市经济增长速度追赶沿海地区，实现经济高质量发展。

第三，通过剔除特殊样本、构建工具变量、PSM-DID 方法对前文的结论进行稳健性检验。首先，分别剔除了特殊样本和采用了解释变量滞后项的方法来进行检验；其次，选择历史年份 1991 年客运总量来构造高速铁路开通的工具变量，选取的工具变量满足相关性和外生性假设，采用两阶段最小二乘法（2SLS）进行估计；最后，利用 PSM-DID 方法估计高速铁路开通对经济高质量发展的影响，结果与双重差分法的结果并无显著差异，从而进一步支撑了前文实证结果的有效性。

第七章 高速铁路影响经济高质量发展的传导机制

第一节 引言

基于上一章的实证分析，我们可以得出结论，高速铁路开通能够推动经济高质量发展，因地理区位、城市规模和城市类型的不同而存在差异。为了进一步探究高速铁路开通影响经济高质量发展的传导机制，建立中介效应模型实证检验高速铁路影响经济高质量发展的过程中是否存在中介效应。第一步，检验高速铁路开通对经济高质量发展的影响；第二步，通过高速铁路开通对要素丰裕程度、服务业结构变迁和技术创新驱动的影响来检验中介变量效应的存在；第三步，同时加入高速铁路开通变量以及中介变量以检验传导机制的有效性。

通过第六章的实证分析表明，高速铁路开通显著促进了经济高质量发展，本章的研究问题是：高速铁路开通是如何影响经济高质量发展的呢？其传导机制是什么呢？本章以此为出发点并根据第四章的理论分析，从要素丰裕程度、服务业结构变迁和技术创新驱动三个视角出发，构建中介效应模型实证检验高速铁路开通对经济高质量发展影响的传导机制，从理论和实践上厘清高速铁路影响经济高质量发展的传导机制是十分有必要的。

为了验证关于高速铁路对经济高质量发展影响的传导机制，本章构建了中介效应模型，将高速铁路、要素丰裕程度、服务业结构变迁、技术创新驱动、经济高质量发展统一纳入一个框架中，基于2005~2018年中国286个地级及以上城市面板数据，分别就高速铁路开通影响经济高质量发展的三个传导机制展开实证检验。首先，分析了高速铁路开通对中介变量产生的影响；其次，分析了在考虑中介变量的情况下，高速铁路开通对经济高质量发展的影响；最后，进行了稳健性检验。

第二节 模型方法与设定

一、模型方法

本章为了验证关于高速铁路开通对经济高质量发展传导机制的理论分析，选取适当的计量模型来进行验证。中介效应分析在许多领域都有广泛应用，因为它可以分析变量之间影响的过程和机制，相比简单的回归分析，可以得到更多的研究成果。中介效应检验的方法主要包括逐步检验法、Sobel 检验法、Bootstrap 法和 MCMC 法，其中逐步检验法是使用最广泛的一种方法，逐步检验法虽然检验力较低，但检验结果具有最高的可信性。中介效应（Mediator Effect）是指解释变量 X 对被解释变量 Y 的影响不是直接影响，而是通过 M 变量间接对被解释变量 Y 产生影响，这种影响为中介效应，此时 M 就为中介变量。中介变量（Mediator Variable）是一个重要的统计概念，国外关于中介变量的研究很多，而国内涉及中介变量的研究却很少。

根据温忠麟等[172]提出的中介检验程序，逐步检验回归系数，构造如下中介效应模型：

$$Y_{it} = \alpha_0 + \alpha_1 X_{it} + \varepsilon_{1it} \tag{7-1}$$

$$M_{it} = \beta_0 + \beta_1 X_{it} + \varepsilon_{2it} \tag{7-2}$$

$$Y_{it} = \gamma_0 + \gamma_1 X_{it} + \gamma_2 M_{it} + \varepsilon_{3it} \tag{7-3}$$

其中，公式（7-1）中的系数 α_1 表示解释变量 X 对被解释变量 Y 的总影响效应，公式（7-2）的系数 β_1 表示解释变量 X 对中介变量 M 的影响效应，公式（7-3）的系数 γ_1 表示解释变量 X 对被解释变量 Y 的直接影响效应，γ_2 表示中介变量 M 对被解释变量 Y 的影响效应，ε_{1it}、ε_{2it} 和 ε_{3it} 分别为残差值。在中介效应模型中，α_1 是 X 对 Y 的总效应，γ_1 是 X 对 Y 的直接效应，系数乘积 $\beta_1\gamma_2$ 是 X 通过中介变量 M 对 Y 的间接效应。效应之间的关系如下所示：

$$\alpha_1 = \gamma_1 + \beta_1\gamma_2 \tag{7-4}$$

步骤如下：第一步，检验公式（7-1）的系数 α_1 是否显著，如果系数 α_1 显著，以中介效应进行立论；如果系数 α_1 不显著，应当根据实际情况进行立论，合理地提出相应的问题，建立模型继续分析，不能仅以系数 α_1 显著为前提。第二步，检验公式（7-2）的系数 β_1 和公式（7-3）的系数 γ_2 是否显著，如果系数显著则间接效应显著；如果不显著，间接效应不显著。第三步，检验公式（7-3）

的系数 γ_1，如果系数 γ_1 显著，则直接效应显著；如果系数 γ_1 不显著，则直接效应不显著。

二、模型设定

本章使用逐步检验法检验要素丰裕程度、服务业结构变迁和技术创新驱动是否为高速铁路开通影响经济高质量发展的中介变量。参考温忠麟等的研究[172]，进行如下检验：第一步，检验高速铁路开通对经济高质量发展的影响，第六章已进行验证；第二步，分别检验高速铁路开通对要素丰裕程度、服务业结构变迁和技术创新驱动的影响来证明中介变量效应的存在；第三步，同时加入高速铁路开通变量以及中介变量以检验传导机制的有效性，构造的中介效应模型如下所示：

模型 1：

$$TFP_{it} = \alpha_0 + \alpha_1 H_{it} \times T_{it} + \alpha_2 Z_{it} + \varepsilon_{it} \tag{7-5}$$

模型 2：

$$M_{it} = \beta_0 + \beta_1 H_{it} \times T_{it} + \beta_1 Z_{it} + \varepsilon_{it} \tag{7-6}$$

模型 3：

$$TFP_{it} = \gamma_0 + \gamma_1 H_{it} \times T_{it} + \gamma_2 M_{it} + \gamma_3 Z_{it} + \varepsilon_{it} \tag{7-7}$$

其中，i 表示城市，t 表示年份；TFP_{it} 表示经济高质量发展水平；$H_{it} \times T_{it}$ 表示高速铁路开通变量；Z_{it} 表示控制变量；α_1 表示高速铁路开通对经济高质量发展的总效应，γ_1 表示高速铁路开通对经济高质量发展的直接效应，$\beta_1 \gamma_2$ 表示高速铁路开通通过要素丰裕程度、服务业结构变迁和技术创新驱动对经济高质量发展的间接效应，ε_{it} 表示随机扰动项。第六章已经实证检验了模型 1 中的公式（7-5），结果表明高速铁路开通显著推动了经济高质量发展，因此能够以中介效应进行立论。本章首先对模型 2 进行实证检验，即高速铁路开通对中介变量的影响；其次，对模型 3 进行实证检验，即高速铁路开通和中介变量对经济高质量发展的影响，以检验高速铁路开通影响经济高质量发展传导机制的有效性。

第三节　数据来源与变量选取

一、数据来源

选取 2005~2018 年中国 286 个地级及以上城市的面板数据进行分析和检验，

数据主要来源于《中国城市统计年鉴》《中国统计年鉴》《中国区域经济统计年鉴》和专利云数据库。

二、变量选取

（一）被解释变量

本书选取基于 Färe-Primont 指数测度的经济高质量发展指数（TFP）为被解释变量，样本数据为第五章测算的结果。

（二）解释变量

高速铁路开通（$H \times T$）作为核心解释变量，即城市 i 在 t 年是否开通高速铁路，如果城市 i 在 t 年开通高速铁路，则 $H \times T = 1$；如果城市 i 在 t 年没有开通高速铁路，则 $H \times T = 0$。

（三）中介变量

1. 要素丰裕程度

根据索洛模型，选取资本要素 K 和劳动力要素 L 作为要素丰裕程度机制检验的被解释变量。本书借鉴宣烨等的做法[57]，用全社会固定资产投资总额来衡量资本要素 K，用单位从业人员数来衡量劳动力要素 L。

2. 服务业结构变迁

服务业结构高度化是服务业结构变迁的一种衡量，表现为内部结构的升级和比重的提升。本书借鉴余泳泽和潘妍的做法[173]，将生产性服务业发展水平和高端服务业发展水平作为服务业结构变迁机制检验的被解释变量。用生产性服务业从业人员占服务业从业人员的比重来表示生产性服务业结构变迁 SS，用高端服务业从业人员占服务业从业人员的比重来表示高端服务业结构变迁 GS。依据《国民经济行业分类》（GB/T4754—2002），选取交通运输、仓储和邮政业，信息传输、计算机服务和软件业，金融业，房地产业，租赁和商务服务业，科学研究、技术服务和地质勘查业，居民服务和其他服务业，教育八个行业作为生产性服务业的行业构成。本书选取信息传输、计算机服务和软件业，金融业，租赁和商务服务业，科学研究、技术服务和地质勘查业作为高端服务业的行业构成。

3. 技术创新驱动

本书借鉴李平和刘雪燕的做法[174]，采用中国地级市发明专利授权数、实用新型与外观设计加总授权数（即实用外观授权数）这两个创新产出变量来衡量技术创新，分别用 Inv 和 $U\&A$ 来表示。这是因为以往学者的诸多研究均采用这一指标，表明发明专利与技术创新之间有明显的相关关系，由于发明专利授权数不包括未被授权和不具有代表性的发明，因此专利授权数比专利申请数更加科学。

（四）控制变量

控制变量与第六章设定一样，本章同样选用人力资本（Hum）、基础设施（Road）、城镇化水平（Urb）、对外开放程度（Fdi）和政府干预程度（Gov）作为控制变量，计算方法同第六章。

中介变量为本章新加入的变量，主要变量描述性统计如表7-1所示。

表7-1 主要变量的描述性统计量 B

变量名称	变量符号	计算方法	均值	最小值	最大值
要素丰裕程度	K	全社会固定资产总额	1.19×10^7	294923	1.89×10^8
	L	单位从业人员数	51.39	4.21	986.87
服务业结构变迁	SS	生产性服务业从业人员/服务业从业人员	0.48	0.06	1.00
	GS	高端服务业从业人员/服务业从业人员	0.15	0.057	0.87
技术创新驱动	Inv	发明专利授权数	556.49	0	46988
	U&A	实用外观授权数	3022.03	2	150576

第四节 传导机制检验

一、高速铁路对中介变量影响的机制检验

高速铁路对中介变量的影响的面板回归结果如表7-2所示，列（1）和列（2）为高速铁路对要素丰裕程度的回归结果，列（3）和列（4）为高速铁路对服务业结构变迁的回归结果，列（5）和列（6）为高速铁路对技术创新驱动的回归结果。

表7-2 高速铁路对中介变量的实证结果

变量	要素丰裕程度		服务业结构变迁		技术创新驱动	
	K	L	SS	GS	Inv	U&A
	（1）	（2）	（3）	（4）	（5）	（6）
$H \times T$	0.543 ***	0.184 ***	0.001	0.091 ***	0.997 ***	0.777 ***
	（0.022）	（0.010）	（0.005）	（0.008）	（0.042）	（0.030）

续表

变量	要素丰裕程度		服务业结构变迁		技术创新驱动	
	K	L	SS	GS	Inv	$U\&A$
	(1)	(2)	(3)	(4)	(5)	(6)
Hum	0.386***	0.0779***	0.001	0.045***	0.566***	0.517***
	(0.022)	(0.011)	(0.005)	(0.008)	(0.044)	(0.031)
$Road$	0.547***	0.119***	0.014**	0.122***	0.924***	0.751***
	(0.025)	(0.012)	(0.006)	(0.010)	(0.051)	(0.035)
Urb	1.193***	0.303***	0.018	0.399***	1.735***	1.843***
	(0.141)	(0.066)	(0.036)	(0.055)	(0.271)	(0.195)
Fdi	1.924***	-1.503***	-0.548***	-1.060***	-6.092***	-5.214***
	(0.614)	(0.291)	(0.157)	(0.241)	(1.181)	(0.846)
Gov	5.391***	0.564***	-0.226***	0.825***	7.352***	7.947***
	(0.183)	(0.086)	(0.046)	(0.072)	(0.356)	(0.252)
$Cons$	11.210***	2.667***	-0.743***	-2.745***	-2.527***	0.179
	(0.105)	(0.049)	(0.026)	(0.041)	(0.207)	(0.145)
N	4004	4004	4004	4002	3953	4004
R^2	0.657	0.293	0.010	0.283	0.568	0.680

注：括号内代表稳健标准差，***、**、* 分别代表在1%、5%、10%的水平上显著。

（一）高速铁路对要素丰裕程度的影响

如表7-2中列（1）和列（2）所示，高速铁路开通对资本要素 K 和劳动力要素 L 的影响系数分别为0.543和0.184，且均在1%的水平上显著，结果表明高速铁路开通提升了资本要素和劳动力要素的丰裕程度。这是因为高速铁路能够提升城市之间的可达性，缩短了城市时空距离，从而产生了空间收敛作用，扩大沿线城市的劳动力流动范围，实现了"边界突破"。时间成本的降低为商品交换和旅客流动节约了时间，促进城市间的经济和社会联系，有利于提升资本要素合理配置。这验证了第六章的结论，随着高速铁路网络的不断完善，扩大了生产要素的流动范围，实现要素禀赋合理配置。

（二）高速铁路对服务业结构变迁的影响

如表7-2中列（3）和列（4）所示，高速铁路开通对生产性服务业结构变迁 SS 和高端服务业结构变迁 GS 的影响系数分别为0.001和0.091，高端服务业结构变迁通过了1%水平的显著性检验，结果表明高速铁路开通显著促进了高端服务业的发展，其影响效应大于生产性服务业。这是因为高速铁路开通提高了区位可达性，降低了沟通成本和交易成本，促进了经济活动频繁往来，打破了城市间的空间壁垒，吸引各种不同的生产性服务业企业入驻高速铁路沿线城市。高端服务业是生产性服务业的核心部分，属于知识密集型服务业，高速铁路开通促进知识和技术溢出，从而对高端服务业的影响更为显著。

（三）高速铁路对技术创新驱动的影响

如表 7-2 中列（5）和列（6）所示，高速铁路开通对发明专利授权数 Inv 和实用外观授权数 $U\&A$ 的影响系数分别为 0.997 和 0.777，均通过了 1% 水平的显著性检验，结果表明高速铁路开通对发明专利授权数量和实用外观授权数量的影响呈现显著的正向效应，这说明高速铁路开通增加了跨地区面对面交流的频率，提高了城市之间获取知识、技术的便捷性，有利于知识流、技术流和信息流的传播和扩散，带动了技术创新水平的提升。因此，高速铁路开通的技术创新驱动效应机制得以证实。

按照中介效应检验程序，第六章实证检验了在没有考虑中介变量的情况下，核心解释变量对被解释变量的影响，结果表明高速铁路显著促进了经济高质量发展。这一小节验证了核心解释变量对中介变量的影响的显著性，即高速铁路开通对要素丰裕程度、服务业结构变迁和技术创新驱动的影响。由表 7-2 可知，除了生产性服务业变迁外，高速铁路开通对其他中介变量的影响均为显著的正向影响效应，通过了 1% 水平的显著性检验。下面，继续进行中介效应检验的最后一个步骤，即分析高速铁路变量、中介变量对经济高质量发展的影响，以检验高速铁路开通影响经济高质量发展传导机制的有效性。

二、高速铁路、中介变量对经济高质量发展影响的机制检验

（一）要素丰裕程度对经济高质量发展的中介效应检验

将中介变量纳入总效应模型进行估计，检验中介变量对被解释变量影响的显著性，并观察核心解释变量对被解释变量的影响程度是否降低。表 7-3 为高速铁路和中介变量要素丰裕程度对经济高质量发展的影响。列（1）和列（2）为高速铁路、资本要素 K 对经济高质量发展的中介效应检验结果，在不加入控制变量和加入控制变量的情况下，高速铁路对经济高质量发展的影响系数分别为 0.021 和 0.012，资本要素对经济高质量发展的影响系数分别为 0.057 和 0.044，均通过了 1% 水平的显著性检验。由表 6-2 可知，高速铁路开通对经济高质量发展的影响系数在不加入控制变量和加入控制变量的情况下分别为 0.085 和 0.036，结

果表明在考虑中介效应后高速铁路变量的影响效应有所降低，而且依然显著为正，由此可知，资本要素在高速铁路开通影响经济高质量发展的过程中存在中介效应。列（3）和列（4）为劳动力要素 L 对经济高质量发展的中介效应检验结果，在不加入控制变量和加入控制变量的情况下，高速铁路开通对经济高质量发展的影响系数分别为 0.064 和 0.032，劳动力要素对经济高质量发展的影响系数为 0.071 和 0.025，均通过了 1% 水平的显著性检验。由表 6-2 可知，高速铁路开通对经济高质量发展的影响系数在不加入控制变量和加入控制变量的情况下分别为 0.085 和 0.036，结果表明在考虑中介效应后高速铁路变量的影响效应有所下降，因此劳动力要素在高速铁路开通影响经济高质量发展的过程中存在中介效应。

表 7-3 要素丰裕程度对经济高质量发展的中介效应检验结果

变量	TFP	TFP	TFP	TFP
	(1)	(2)	(3)	(4)
$H \times T$	0.021 ***	0.012 ***	0.064 ***	0.032 ***
	(0.004)	(0.004)	(0.003)	(0.004)
K	0.057 ***	0.044 ***		
	(0.002)	(0.002)		
L			0.071 ***	0.025 ***
			(0.006)	(0.006)
Hum		0.009 **		0.025 ***
		(0.003)		(0.003)
$Road$		0.048 ***		0.069 ***
		(0.004)		(0.004)
Urb		0.085 ***		0.130 ***
		(0.024)		(0.024)
Fdi		-0.665 ***		-0.541 ***
		(0.104)		(0.108)
Gov		-0.054		0.171 ***
		(0.034)		(0.032)
$Cons$	-0.706 ***	-0.662 ***	-0.071 ***	-0.231 ***
	(0.031)	(0.035)	(0.021)	(0.024)
N	4004	4004	4004	4004
R^2	0.284	0.316	0.163	0.272

注：括号内代表稳健标准差，***、**、* 分别代表在 1%、5%、10% 的水平上显著。

（二）服务业结构变迁对经济高质量发展的中介效应检验

表 7-4 为高速铁路和中介变量服务业结构变迁对经济高质量发展的影响。列（1）和列（2）为生产性服务业结构变迁对经济高质量发展的中介效应检验结果，在不加入控制变量和加入控制变量的情况下，高速铁路开通对经济高质量发展的影响系数分别为 0.085 和 0.036，通过了 1%水平的显著性检验；生产性服务业结构变迁对经济高质量发展的影响系数分别为 0.012 和 0.015，没有通过显著性检验。与表 6-2 中的相关数据相比，在考虑中介效应之后，高速铁路变量的效应并没有下降，这说明中介效应并不显著，这意味着生产性服务业结构变迁对经济高质量发展产生了不明显的正向边际效应。可能是因为现阶段，生产性服务业集聚超过了其临界点，企业过度集聚造成负外部性，如拥挤效应、恶性竞争等，并开始超过正外部性，从而对经济高质量发展的促进作用不显著。列（3）和列（4）为高端服务业结构变迁对经济高质量发展的中介效应检验结果，在不加入控制变量和加入控制变量的情况下，高速铁路开通对经济高质量发展的影响系数分别为 0.068 和 0.035，高端服务业结构变迁对经济高质量发展的影响系数分别为 0.085 和 0.020，均通过了 1%水平的显著性检验。由表 6-2 可知，高铁开通对经济高质量发展产生显著的促进作用，在不加入控制变量和加入控制变量的情况下分别为 0.085 和 0.036。由此可知，在考虑中介效应后高速铁路开通对经济高质量发展的影响效应有所降低，高端服务业结构变迁在高速铁路开通对经济高质量发展的影响过程中存在中介效应。这是因为高速铁路开通产生了"边界突破效应"，显著地促进了高端要素如知识和技术的溢出，而且高端服务业又属于知识密集型生产性服务业，所以高速铁路开通对高端服务业结构变迁尤为明显，从而推动经济高质量发展。

表 7-4　服务业结构变迁对经济高质量发展的中介效应检验结果

变量	TFP	TFP	TFP	TFP
	（1）	（2）	（3）	（4）
H×T	0.085 ***	0.036 ***	0.068 ***	0.035 ***
	（0.003）	（0.003）	（0.003）	（0.003）
SS	0.012	0.015		
	（0.012）	（0.011）		
GS			0.085 ***	0.020 ***
			（0.007）	（0.007）

续表

变量	TFP	TFP	TFP	TFP
	（1）	（2）	（3）	（4）
Hum		0.027 ***		0.026 ***
		（0.003）		（0.003）
Road		0.072 ***		0.069 ***
		（0.004）		（0.004）
Urb		0.138 ***		0.131 ***
		（0.024）		（0.025）
Fdi		−0.571 ***		−0.556 ***
		（0.108）		（0.108）
Gov		0.189 ***		0.170 ***
		（0.032）		（0.032）
Cons	0.184 ***	−0.152 ***	0.350 ***	−0.108 ***
	（0.009）	（0.020）	（0.014）	（0.027）
N	4004	4004	4002	4002
R^2	0.132	0.269	0.164	0.271

注：括号内代表稳健标准差，***、**、*分别代表在1%、5%、10%的水平上显著。

（三）技术创新驱动对经济高质量发展的中介效应检验

表7-5为高速铁路和中介变量技术创新驱动对经济高质量发展的影响，列（1）和列（2）为发明专利授权数对经济高质量发展的中介效应检验结果，在不加入控制变量和加入控制变量的情况下，高速铁路开通的影响系数分别为0.004和0.001，发明专利授权数的影响系数分别为0.042和0.037。由表6-2可知，高速铁路开通对经济高质量发展的影响显著为正，在考虑中介效应之后高速铁路开通对经济高质量发展的影响效应降低，这说明了发明专利授权数在高速铁路开通对经济高质量发展的影响过程中存在中介效应。列（3）和列（4）为实用外观授权数对经济高质量发展的中介效应检验结果，在不加入控制变量和加入控制变量的情况下，高速铁路开通的影响系数分别为0.017和0.012，发明专利授权数的影响系数分别为0.041和0.031，均通过了1%水平的显著性检验。与表6-2中的相关数据相比，在考虑中介效应后，高速铁路开通的系数有所下降，表明实用外观授权数在高速铁路开通影响经济高质量发展的过程中存在中介效应。这是因为高速铁路加快了科研人员、技术人员和高素质人才的流动，并且产生知识

流、技术流和信息流，促进了知识和技术的扩散，有利于创新活动的展开，提高了科技创新水平，推动经济高质量发展。高速铁路在技术传播和扩散过程中发挥了非常突出的作用。

表7-5　技术创新驱动对经济高质量发展的中介效应检验结果

变量	TFP	TFP	TFP	TFP
	(1)	(2)	(3)	(4)
$H \times T$	0.004	0.001	0.017 ***	0.012 ***
	(0.003)	(0.003)	(0.004)	(0.004)
Inv	0.042 ***	0.037 ***		
	(0.001)	(0.001)		
$U\&A$			0.041 ***	0.031 ***
			(0.001)	(0.002)
Hum		0.006 *		0.010 ***
		(0.003)		(0.003)
$Road$		0.040 ***		0.048 ***
		(0.004)		(0.004)
Urb		0.077 ***		0.080 ***
		(0.023)		(0.024)
Fdi		-0.371 ***		-0.416 ***
		(0.100)		(0.105)
Gov		-0.082 ***		-0.063 *
		(0.031)		(0.035)
$Cons$	0.0260 ***	-0.078 ***	-0.065 ***	-0.169 ***
	(0.00432)	(0.017)	(0.008)	(0.017)
N	3953	3953	4004	4004
R^2	0.368	0.387	0.287	0.313

注：括号内代表稳健标准差，*** 、** 、* 分别代表在1%、5%、10%的水平上显著。

综上所述，高速铁路对经济高质量发展的影响确实存在着一条间接影响路径，即通过影响要素丰裕程度、高端服务业结构变迁和技术创新驱动推动经济高质量发展。具体而言，随着高速铁路的运行，缩短城市之间的时空距离不仅提高了旅客运输效率，还间接地提升了货物运输能力，进而有利于实现资本要素和劳动力要素的合理配置，促使高端服务业在高速铁路沿线集聚，改变了产业的空间布局，促进知识和技术的传播和扩散，提高了科技创新水平，进而通过累积效应和溢出效应推动经济高质量发展。

三、稳健性检验

为了检验实证得出的高速铁路影响经济高质量发展的传导机制估计结果是否具有稳健性，本节首先采用倾向得分匹配法消除样本选择问题，其次运用PSM-DID 法实证检验高速铁路影响经济高质量发展的传导机制。

(一) 平衡性检验

通过比较处理组和控制组就可以了解高速铁路开通所产生的经济效果。如果直接将处理组和控制组进行对比可能存在误差，其原因包括两个方面：一方面，由于高速铁路建设是由国家统一规划和布局，而且高速铁路开通政策在很大程度上并非随机进行，而是对非随机样本直接进行估计，这将会产生样本选择性偏差；另一方面，高速铁路开通城市和未开通城市的经济发展水平存在差异，可能是由其他不随时间变化的因素产生的，直接进行比较可能会产生异质性偏差。考虑到以上两种因素可能对结果产生影响，本节采用倾向得分匹配（Propensity Score Matching，PSM）法以消除样本的选择性问题，具体思路为，在未开通高速铁路城市的控制组中找到某个城市使其与开通高速铁路城市的处理组中的可观测变量尽可能相匹配，以解决直接匹配时所遇到变量数目太多或太少的问题。PSM 根据多维匹配指标进行倾向得分 P_r 的计算，并根据处理组和控制组之间 P_r 值的相近度对两者进行匹配，倾向得分 P_r 不仅是一维变量，而且取值介于 $[0, 1]$ 之间，从而可以较好地解决上述问题。

$$P_r = \{ City_i = 1 \mid X_i \} = F(\alpha + \beta_i X_i + \varepsilon) \tag{7-8}$$

其中，$City_i$ 表示处理组虚拟变量；X_i 表示城市的特征变量；F（·）表示 Logistic 函数，根据倾向得分值 P_r 相匹配，其匹配准则为满足平衡性检验，要求各匹配变量在处理组和控制组之间不存在显著差异。

本节需要进行平衡性检验，即检验协变量在处理组和控制组之间是否存在显著性系统差异，如果两者不存在显著性差异，表明匹配方法和变量均选择正确，反之则表明倾向得分匹配无效。最常用的匹配方法包括一对一匹配、半径匹配、核密度匹配等，一般各匹配法在大样本情形下的估计结果是渐进一致的，因此本节使用一对一匹配作为基本匹配方法。平衡性检验结果如表7-6所示，从表7-6中可以得出处理组和控制组之间的大多数协变量均值不存在显著性系统差异，即大多数协变量均值在开通高速铁路城市和未开通高速铁路城市之间不存在显著性差异，从而通过了平衡性检验。相较于匹配前，匹配后的处理组与控制组在人力资本（Hum）、基础设施（Road）、城镇化水平（Urb）和对外开放程度（Fdi）和政府干预程度（Gov）等方面的差异大幅下降，下降幅度均超过60%，匹配后的大多数变量的标准化偏差小于10%，平衡性检验成立。以上说明匹配之后的样本个体特征不存在显著性差异，本节选取的配对指标适应于 PSM-DID 法。

表 7-6　平衡性检验结果

样本	变量	均值		标准化差异		t	$p > \mid t \mid$
		处理组	控制组	差异	降幅（%）		
匹配前	Hum	5.025	4.187	72.8	84.3	20.94	0.000
匹配后		5.025	4.894	11.4		3.09	0.002
匹配前	Road	2.490	2.150	58.2	86.5	16.38	0.000
匹配后		2.490	2.444	7.9		2.09	0.037
匹配前	Urb	0.411	0.329	33.8	83.1	10.16	0.000
匹配后		0.411	0.397	5.7		1.34	0.182
匹配前	Fdi	0.022	0.018	20.5	93.2	5.93	0.000
匹配后		0.022	0.021	1.4		0.32	0.746
匹配前	Gov	0.167	0.175	-8.7	61.3	-2.39	0.017
匹配后		0.167	0.170	-3.4		-0.80	0.425

（二）PSM-DID 法

基于上述匹配成功之后的样本，为了使估计结果更加精确和稳健，本节采用 PSM-DID 法进一步对模型 2 公式（7-6）和模型 3 公式（7-7）进行回归，回归结果如表 7-7 和表 7-8 所示。

从表 7-7 中列（1）至列（6）可以看出，高速铁路变量对资本要素、劳动力要素、生产性服务业结构变迁、高端服务业结构变迁、发明专利授权数和实用外观授权数的回归系数均显著为正；列（3）中高速铁路开通对生产性服务业结构变迁的影响系数大于表 7-2 中列（3）的系数，并且变得十分显著。这说明当不控制处理组和控制组样本之间的差异性时，在一定程度上会低估高速铁路开通对生产性服务业结构变迁的影响，所以进行 PSM-DID 稳健性检验是十分必要的。

结果表明高速铁路开通对要素丰裕程度、服务业结构变迁和技术创新驱动均产生了显著的正向影响，这与前面的主要结论基本一致，证明了高速铁路对中介变量的影响是可信的。

表 7-7　高速铁路对中介变量的影响：PSM-DID 稳健性检验

变量	要素丰裕程度		服务业结构变迁		技术创新驱动	
	K	L	SS	GS	Inv	U&A
	（1）	（2）	（3）	（4）	（5）	（6）
H×T	0.529***	0.186***	0.018***	0.062***	0.883***	0.795***
	（0.025）	（0.013）	（0.006）	（0.016）	（0.061）	（0.037）
Hum	0.501***	0.157***	−0.013	0.080***	1.028***	0.532***
	（0.040）	（0.021）	（0.011）	（0.025）	（0.094）	（0.058）
Road	0.549***	0.134***	0.030***	0.139***	1.007***	0.871***
	（0.036）	（0.019）	（0.009）	（0.023）	（0.085）	（0.052）
Urb	0.943***	0.022	0.081**	0.742***	1.050***	1.475***
	（0.145）	（0.077）	（0.039）	（0.092）	（0.340）	（0.209）
Fdi	2.452***	−1.558***	−0.401**	−0.499	−6.223***	−4.193***
	（0.709）	（0.380）	（0.191）	（0.451）	（1.666）	（1.023）
Gov	4.328***	0.523***	−0.381***	1.460***	9.207***	7.772***
	（0.266）	（0.142）	（0.071）	（0.169）	（0.624）	（0.383）
Cons	10.860***	2.459***	−0.701***	−3.160***	−4.980***	0.042
	（0.197）	（0.106）	（0.053）	（0.125）	（0.464）	（0.285）
N	2436	2436	2436	2436	2436	2436
R^2	0.593	0.279	0.021	0.186	0.499	0.635

注：括号内代表稳健标准差，*** 、** 、*分别代表在1%、5%、10%的水平上显著。

从表 7-8 中的列（1）至列（6）可以看出，高速铁路开通对经济高质量发展的影响显著为正，要素丰裕程度和技术创新驱动对经济高质量发展的影响均为正，这说明高速铁路通过影响要素丰裕程度、服务业结构变迁和技术创新提高了经济高质量发展水平；而服务业结构变迁的中介效应并不显著，可能是因为样本量较少而产生的偏误，其余变量与前文的研究结论基本一致，进一步彰显了研究结论的稳健性。

表 7-8　高速铁路、中介变量对经济高质量发展影响：PSM-DID 稳健性检验

变量	TFP	TFP	TFP	TFP	TFP	TFP
	（1）	（2）	（3）	（4）	（5）	（6）
H×T	0.024 ***	0.040 ***	0.042 ***	0.042 ***	0.019 ***	0.024 ***
	（0.005）	（0.005）	（0.005）	（0.005）	（0.004）	（0.005）
K	0.032 ***					
	（0.004）					
L		0.007				
		（0.007）				
SS			−0.010			
			（0.015）			
GS				−0.010		
				（0.006）		
Inv					0.025 ***	
					（0.001）	
U&A						0.022 ***
						（0.002）
Hum	0.020 **	0.034 ***	0.035 ***	0.036 ***	0.010	0.024 ***
	（0.007）	（0.007）	（0.007）	（0.007）	（0.007）	（0.007）
Road	0.054 ***	0.070 ***	0.072 ***	0.073 ***	0.046 ***	0.052 ***
	（0.007）	（0.007）	（0.007）	（0.00）	（0.006）	（0.007）
Urb	0.114 ***	0.144 ***	0.145 ***	0.151 ***	0.118 ***	0.111 ***
	（0.027）	（0.027）	（0.027）	（0.028）	（0.026）	（0.027）
Fdi	−0.570 ***	−0.479 ***	−0.495 ***	−0.496 ***	−0.335 **	−0.399 ***
	（0.135）	（0.137）	（0.137）	（0.136）	（0.130）	（0.135）
Gov	−0.151 ***	−0.016	−0.015	0.002	−0.243 ***	−0.183 ***
	（0.053）	（0.051）	（0.051）	（0.052）	（0.051）	（0.055）
Cons	−0.539 ***	−0.210 ***	−0.198 ***	−0.222 ***	−0.065 *	−0.192 ***
	（0.058）	（0.042）	（0.039）	（0.043）	（0.037）	（0.037）
N	2436	2436	2436	2436	2436	2436
R^2	0.220	0.198	0.198	0.199	0.273	0.220

注：括号内代表稳健标准差，*** 、 ** 、 * 分别代表在 1%、5%、10%的水平上显著。

第五节　本章小结

结合第四章高速铁路影响经济高质量发展的理论分析，本章在第六章实证检验高速铁路影响经济高质量发展的基础上，构建了中介效应模型，以高速铁路开通作为准自然实验，基于 2005~2018 年中国 286 个地级及以上城市的面板数据，实证分析了高速铁路影响经济高质量发展的传导机制。本章使用第五章测度得出的经济高质量发展指数的相关数据，分别就高速铁路开通影响经济高质量发展的三个传导机制进行实证检验。本章得出以下结论：

第一，实证检验了高速铁路开通对中介变量的影响，高速铁路开通对资本要素和劳动力要素的促进作用显著，高速铁路开通对高端服务业结构变迁的影响大于生产性服务业结构变迁，高速铁路开通对发明专利授权数和实用外观授权数的促进作用显著。这是因为高速铁路能够提升城市之间的可达性，缩短了城市时空距离，从而产生了空间收敛作用，扩大了高速铁路沿线城市的劳动力和资本流动范围，实现了要素资源合理配置，促进了高端服务业在沿线城市集聚，便利了以人为载体的知识传播和扩散，带动了技术和知识等要素在区际之间交换，提高了技术创新产出水平。

第二，实证检验了高速铁路开通、中介变量对经济高质量发展的影响，将中介变量纳入总效应模型进行估计，检验中介变量对被解释变量影响的显著性，并观察核心解释变量对被解释变量的影响程度是否降低。除生产性服务业结构变迁对经济高质量发展的影响效应不显著外，其他中介变量对经济高质量发展的影响均显著为正；在考虑中介效应之后，核心解释变量高速铁路开通的回归系数均有所降低，这说明资本要素、劳动力要素、高端服务业结构变迁、发明专利授权数和实用外观授权数在高速铁路开通对经济高质量发展的影响过程中存在中介效应。

第三，运用平衡性检验和 PSM-DID 法来检验估计结果是否具有稳健性。首先，采用倾向得分匹配法，在未开通高速铁路城市的控制组中找到某个城市，使其与开通高速铁路城市的处理组中的城市的可观测变量尽可能相匹配，结果表明大多数协变量均值在开通高速铁路城市和未开通高速铁路城市之间并不存在显著性差异，从而通过了平衡性检验；其次，运用 PSM-DID 法进一步对高速铁路影响经济高质量发展是否存在中介效应进行实证检验，进一步验证了前文的研究结论，使研究结果也更加稳健和精确。

第八章　高速铁路影响下的经济高质量发展空间溢出效应

第一节　引言

新古典经济增长理论和新经济增长理论忽视了交通运输成本问题，没有考虑空间属性，新经济地理理论将空间因素纳入到经济模型之中，研究了交通基础设施与经济增长的关系，得出完善的交通基础设施能够强化区域间经济增长的空间溢出效应，并且已经获得了广泛的认可。本章力图改进忽略空间视角的局限性，探究高速铁路影响下的经济高质量发展空间溢出效应，为高速铁路影响经济高质量发展研究提供新的理论视角。

高速铁路大规模的建设和运营不仅改变了人们的价值观念和出行方式，还改变了原有的区域空间结构。高速铁路对经济高质量发展的促进作用体现在高速铁路投资对经济高质量发展产生直接的拉动作用，即直接效应。与直接效应相比，高速铁路对经济高质量发展的间接效应更为突出。第一，由于高速铁路开通提高了区域可达性，打破了区域间的市场分割，加快了资本、劳动力等生产要素的跨区域流动，使沿线区域在更短时间内实现了要素在更广范围的有效衔接和交换流动，带动了城市之间各种要素资源的互补互动，通过对要素资源的合理配置产生了更多的经济效益；第二，高速铁路开通能够降低沿线城市企业之间的运输成本和交易成本，从而扩大市场范围，更有利于促进产业结构高度化升级，引导资金和技术流向高端服务业，推动了知识密集型高端服务业结构变迁，通过产业结构高度化升级促进地区经济增长的效应得以实现；第三，高速铁路开通将各个区域的大中小城市紧密地连接在一起，扩大了城市的边界和城市群的边界，促使中心区域的知识、信息和技术不断地向外围区域扩散和溢出，减弱了知识和技术溢出的空间局限性，大大增强了知识和技术的溢出效应，进而提高了科技创新水平，促进经济实现高质量发展。高速铁路通过以上三个方面影响了经济高质量发展，一部分区域的经济发展会带动相邻区域的经济发展，区域间经济高质量发展的空间溢出效应将推动全国范围的经济高质量发展。

现有文献较多研究空间视角下交通基础设施对经济增长的影响，然而却少有文献研究高速铁路影响下的经济高质量发展空间溢出效应。由于高速铁路开通产生了"时空压缩效应"，那么，高速铁路开通能否强化空间溢出效应而推动经济高质量发展？基于此，本章在第七章高速铁路影响经济高质量发展的传导机制的基础上，进一步拓展研究，将空间因素纳入到经济分析中，研究高速铁路影响下的经济高质量发展空间溢出效应。本章构建空间杜宾面板计量模型，继续探讨在高速铁路影响下的要素丰裕程度、服务业结构变迁和技术创新驱动对中国经济高质量发展的空间溢出效应。

第二节　研究方法与模型设定

一、探索性空间数据分析

探索性空间数据分析（ESDA）是空间计量经济学很重要的研究领域，解释与空间位置相关的空间依赖、空间关联和空间自相关的现象。本节在运用 ESDA 方法描述经济高质量发展的空间分布格局时，选取以全局 Moran's I 指数描述的全局空间自相关，全局 Moran's I 指数的公式如下：

$$\text{Moran's I} = \frac{\sum_{i=1}^{n} \sum_{j=1}^{n} W_{ij}(Y_i - \bar{Y})(Y_j - \bar{Y})}{S^2 \sum_{i=1}^{n} \sum_{j=1}^{n} W_{ij}} \tag{8-1}$$

其中，$S^2 = \frac{1}{n} \sum_{i=1}^{n} (Y_i - Y)^2$，$\bar{Y} = \frac{1}{n} \sum_{i=1}^{n} Y_i$，$Y_i$、$Y_j$ 为地级市 i、地级市 j 的经济高质量发展水平；W_{ij} 为空间权重矩阵。Moran's I 取值界于 -1 和 1 之间，若 Moran's I>0，表明存在正的空间相关性；若 Moran's I<0，表明存在负的空间相关性，绝对值越大，空间相关性越强；若 Moran's I = 0，则表明不存在空间相关性。

二、空间计量模型设定

由于经济高质量发展具有明显的空间相关性，某一地区的经济高质量发展不仅受到当地经济发展的影响，还受到相邻地区经济发展的影响，所以考虑地理单元之间的空间依赖关系以及空间溢出效应的影响是十分必要的。常见的空间计量经济学模型包括空间滞后模型（SLM）、空间误差模型（SEM）和空间杜宾模型（SDM）。SLM 模型研究了被解释变量的溢出效应，即某个地区的经济高质量发展对相邻地区的经济高质量发展所产生的效应；SEM 模型适用于存在误差扰动项中的空间自相关作用，测度邻近地区对经济增长的误差冲击在多大程度上影响本地区经济增长；SDM 模型研究了解释变量和被解释变量的溢出效应，能够得到无偏估计，并且优于其他模型。根据前述理论分析，高速铁路开通对经济高质量发展的影响不仅有直接效应，还通过要素丰裕程度、服务业结构变迁和技术创新驱动对经济高质量发展产生突出的间接效应。因此，在研究高速铁路影响下的经济高质量发展存在空间溢出效应时，要素丰裕程度、服务业结构变迁和技术创新驱动也会产生明显的空间溢出效应，所以本章采用空间杜宾模型来实证检验高速铁路影响下解释变量对经济高质量发展的空间溢出影响。

（一）空间杜宾模型设定

为了验证上述空间自相关模型分析结果的稳定性，本节构建空间杜宾模型（SDM）来探究高速铁路下要素丰裕程度、服务业结构变迁和技术创新驱动对经济高质量发展的影响，以此作为稳健性检验结果。计量经济模型如下所示：

$$Y = \rho WY + \beta X + \lambda WX + \varepsilon \tag{8-2}$$

其中，Y 表示被解释变量；ρ 和 λ 表示空间自相关系数；W 表示空间权重矩阵；X 表示解释变量和控制变量所组成的解释变量向量集；β 为解释变量系数向量集；WX 和 WY 分别表示解释变量和被解释变量的空间滞后项；若 ρ、$\lambda \neq 0$，说明存在空间溢出效应；ε 为随机误差项。

（二）空间溢出效应的分解

由于以上回归系数并不能直接衡量解释变量的空间溢出效应，LeSage 和 Pace 提出空间回归模型偏微分方法[175]，有效解决了空间计量模型估计系数的合理解释难题，此方法已被广泛应用于多个研究领域，具体推导过程如下所示：

$$(I_n - \rho W)Y = \beta X + \lambda WX + \varepsilon \tag{8-3}$$

$$Y = (I_n - \rho W)^{-1}(I_n\beta + W\lambda)X + (I_n - \rho W)^{-1}\varepsilon \tag{8-4}$$

$$Y = \sum_{s=1}^{t} K(W)X_s + M(W)\varepsilon \tag{8-5}$$

$$M(W) = (I_n - \rho W)^{-1} = In + \rho W + \rho^2 W^2 + \rho^3 W^3 + \cdots \tag{8-6}$$

$$K_s(W) = M(W)(I_n\beta_s + W\lambda_s) \tag{8-7}$$

其中，t 表示解释变量个数，I_n 表示 n 阶单位矩阵，β_s 表示第 s 个解释变量的估计系数（$s = 1, 2, \cdots, t$），λ_s 表示 WX 中第 s 个变量的回归系数。为阐明 $K_s(W)$ 的作用，将公式（8-5）转换为公式（8-8）。因此，地区 $i(i = 1, 2, 3, \cdots, n)$ 的 Y_i 也可以表示为公式（8-9）。

$$\begin{bmatrix} Y_1 \\ Y_2 \\ \cdots \\ Y_n \end{bmatrix} = \sum_{s=1}^{t} \begin{bmatrix} K(W)_{11} & K(W)_{12} & \cdots & K(W)_{1n} \\ K(W)_{21} & K(W)_{22} & \cdots & K(W)_{2n} \\ \cdots & \cdots & \cdots & \cdots \\ K(W)_{n1} & K(W)_{n2} & \cdots & K(W)_{nn} \end{bmatrix} \begin{bmatrix} X_{1s} \\ X_{2s} \\ \cdots \\ X_{ns} \end{bmatrix} + M(W)\varepsilon \qquad (8\text{-}8)$$

$$Y_i = \sum_{s=1}^{t} [K_s(W)X_{1s} + K_s(W)X_{2s} + \cdots + K_s(W)X_{ns}] + M(W)_i \varepsilon \qquad (8\text{-}9)$$

根据公式（8-9），将 Y_i 对其他地区（地区 j）解释变量 X_{js}（第 s 个解释变量）求偏导得到公式（8-10）；同理，将 Y_i 对本地区（地区 i）解释变量 X_{is} 求偏导得到公式（8-11）：

$$\frac{\partial Y_i}{\partial X_{js}} = K_s(W)_{ij} \qquad (8\text{-}10)$$

$$\frac{\partial Y_i}{\partial X_{is}} = K_s(W)_{ii} \qquad (8\text{-}11)$$

其中，$K_s(W)_{ij}$ 度量 j 地区第 s 个解释变量 X_{js} 对其他地区被解释变量 Y_i 的影响，$K_s(W)_{ii}$ 度量 i 地区第 s 个解释变量 X_{is} 对本地区被解释变量 Y_i 的影响。根据公式（8-10）和公式（8-11）可以得出某个地区的解释变量将同时影响其他地区和本地区的被解释变量，对其他地区的影响称为间接效应，对本地区的影响称为直接效应，两者相加则为总效应。

第三节　数据来源与权重设置

一、数据来源与变量说明

本节选取 286 个地级及以上城市作为研究对象，数据主要来自历年的《中国城市统计年鉴》和《中国区域经济统计年鉴》。本书以 Färe-Primont 指数测度的经济高质量发展指数作为被解释变量，把影响经济高质量发展的变量分为解释变量以及控制变量。核心解释变量为资本要素（K）、劳动力要素（L）、生产性服务业结构变迁（SS）、高端服务业结构变迁（GS）、发明专利授权数（Inv）和实用外观授权数（$U\&A$）；控制变量为人力资本（Hum）、基础设施（$Road$）、城镇化水平（Urb）、对外开放程度（Fdi）和政府干预程度（Gov），计算方法同第七章。在下文的实证分析中，将考察 6 个核心解释变量、5 个控制变量与经济高质量发展的关系，进一步得出结论。

二、空间权重矩阵设置

空间权重矩阵 W 选择的准确与否关系到模型的最终估计结果，为了使实证结果更加稳健和可靠，本节针对现有文献只考虑相邻空间权重这一局限性，将分别设置高铁时间距离空间权重矩阵、普铁时间距离空间权重矩阵和 0-1 相邻空间权重矩阵对模型进行检验。本书构建了 286 个地级及以上城市的空间权重矩阵，空间权重矩阵是由 286×286 个数组成的。

（一）高铁时间距离空间权重矩阵

旅行时间的倒数可以衡量城市之间的可达性水平，旅行时间是交通节点通行时间的综合指标，本书采用两个城市之间最短高铁时间的倒数表示可达性，将高铁时间距离空间权重记为 W_1。通常认为可达性越大说明空间相关性越强，可达性越小说明空间相关性越弱。高铁时间距离空间权重矩阵如下所示：

$$W_1 = \begin{cases} \dfrac{1}{t_{ij}} & i \neq j \\ 0 & i = j \end{cases} \tag{8-12}$$

其中，t_{ij} 是指城市 i 到城市 j 的最短高速铁路旅行时间。高速铁路时间距离是通过 12306 官网进行查询的，由于我国只有部分城市之间开通了高速铁路，为了简化研究，查询开通高速铁路城市之间最短的时间作为高铁时间，对于没有开通高速铁路的城市，根据经纬度测算的城市间地理距离乘以 1.2 作为铁路距离，高铁里程近似为铁路距离，再除以高铁时速作为高铁时间距离。根据我国铁路规定，高速铁路运行速度按照 200 千米/小时进行计算。

（二）普铁时间距离空间权重矩阵

与高铁时间距离空间权重矩阵相似，选取两城市间的最短普铁时间距离的倒数表示可达性，将普铁时间距离空间权重记为 W_2。普铁时间距离空间权重矩阵如下所示：

$$W_2 = \begin{cases} \dfrac{1}{t'_{ij}} & i \neq j \\ 0 & i = j \end{cases} \tag{8-13}$$

其中，t'_{ij} 是城市 i 到城市 j 的最短普通铁路旅行时间。本节参考王雨飞和倪鹏飞的做法[48]，将根据经纬度测算的城市间地理距离乘以 1.2 作为铁路距离，再除以普通铁路时速作为普铁时间距离。考虑到计算方便以及我国铁路运输的实际情况，普通铁路按照 120 千米/小时的速度进行计算。

（三）0-1 相邻空间权重矩阵

0-1 空间权重矩阵设置遵循地理经济学第一定律，即距离越大空间相关性越低，若地区 i 与地区 j 有共同的边界，则空间权重为 1；若地区 i 与地区 j 没有共同的边界，则空间权重为 0，将 0-1 空间权重记为 W_3。这种地理权重构建基于两个区域地理位置相邻程度越高，其人口和货物流动就越频繁的原则。目前，学者们大多采用简单的空间相邻关系来设定权重，0-1 相邻空间权重矩阵如下所示：

$$W_3 = \begin{cases} 1 & 城市\ i\ 和城市\ j\ 相邻 \\ 0 & 城市\ i\ 和城市\ j\ 不相邻 \end{cases} \tag{8-14}$$

第四节　实证结果与分析

一、空间相关性检验

（一）经济高质量发展空间特征初探

由于不同空间权重矩阵会对模型估计的结果产生异质性影响，本节采用三种权重进行空间相关性检验。表 8-1 测算了 2005~2018 年中国 286 个地级及以上城市经济高质量发展的空间相关性水平 Moran's I 值。2005~2018 年中国经济高质量发展的 Moran's I 指数为正，表明中国经济高质量发展存在较为稳定的空间正相关性，意味着我国经济高质量发展在空间上的分布并非是随机的，而是存在着空间依赖性。Moran's I 值在高铁时间距离空间权重矩阵和普铁时间距离空间权重矩阵下呈现波动上升趋势，在 0-1 空间权重矩阵下 Moran's I 值呈现波动下降趋势，这说明高速铁路开通增强了经济高质量发展的空间相关性。

表 8-1　经济高质量发展的全域 Moran's I 指数

年份	W_1		W_2		W_3	
	Moran's I 统计量	P 值	Moran's I 统计量	P 值	Moran's I 统计量	P 值
2005	0.047	0.000	0.058	0.000	0.788	0.000
2006	0.057	0.000	0.068	0.000	0.277	0.000
2007	0.052	0.000	0.064	0.000	0.293	0.000
2008	0.057	0.000	0.059	0.000	0.263	0.000
2009	0.053	0.000	0.056	0.000	0.237	0.000

续表

年份	W_1		W_2		W_3	
	Moran's I 统计量	P 值	Moran's I 统计量	P 值	Moran's I 统计量	P 值
2010	0.057	0.000	0.050	0.000	0.228	0.000
2011	0.056	0.000	0.079	0.000	0.228	0.000
2012	0.060	0.000	0.084	0.000	0.271	0.000
2013	0.088	0.000	0.121	0.000	0.363	0.000
2014	0.060	0.000	0.083	0.000	0.261	0.000
2015	0.064	0.000	0.083	0.000	0.279	0.000
2016	0.036	0.000	0.058	0.000	0.162	0.000
2017	0.058	0.000	0.065	0.000	0.194	0.000
2018	0.085	0.000	0.117	0.000	0.376	0.000

（二）要素丰裕程度空间特征初探

表 8-2 为 2005~2018 年中国 286 个地级及以上城市资本要素和劳动力要素的空间相关性水平 Moran's I 值，结果表明资本要素和劳动力要素 Moran's I 指数均显著为正，这说明这两个变量在空间上存在较为稳定的空间正相关性。随着时间的推移，资本要素 Moran's I 值在高铁时间距离空间权重下的上升幅度最大，这说明高铁开通促使资本要素的空间相关性逐渐增强。资本要素和劳动力要素具有明显的"空间协同"特征，在三种权重下均呈现波动上升趋势。

表 8-2 要素丰裕程度的全域 Moran's I 指数

年份	资本要素			劳动力要素		
	W_1	W_2	W_3	W_1	W_2	W_3
2005	0.088 ***	0.110 ***	0.339 ***	0.037 ***	0.047 ***	0.175 ***
2006	0.087 ***	0.108 ***	0.316 ***	0.038 ***	0.048 ***	0.175 ***
2007	0.085 ***	0.104 ***	0.307 ***	0.037 ***	0.049 ***	0.177 ***
2008	0.081 ***	0.099 ***	0.300 ***	0.039 ***	0.052 ***	0.183 ***
2009	0.074 ***	0.090 ***	0.279 ***	0.039 ***	0.052 ***	0.182 ***
2010	0.068 ***	0.084 ***	0.253 ***	0.041 ***	0.056 ***	0.197 ***
2011	0.059 ***	0.074 ***	0.219 ***	0.045 ***	0.057 ***	0.208 ***

续表

年份	资本要素			劳动力要素		
	W_1	W_2	W_3	W_1	W_2	W_3
2012	0.054 ***	0.068 ***	0.197 ***	0.041 ***	0.053 ***	0.192 ***
2013	0.056 ***	0.070 ***	0.214 ***	0.048 ***	0.064 ***	0.213 ***
2014	0.062 ***	0.076 ***	0.244 ***	0.053 ***	0.070 ***	0.218 ***
2015	0.072 ***	0.085 ***	0.266 ***	0.052 ***	0.068 ***	0.212 ***
2016	0.094 ***	0.110 ***	0.325 ***	0.057 ***	0.073 ***	0.233 ***
2017	0.105 ***	0.121 ***	0.368 ***	0.055 ***	0.072 ***	0.236 ***
2018	0.103 ***	0.120 ***	0.351 ***	0.054 ***	0.071 ***	0.230 ***

注: ***、**、* 分别代表在1%、5%、10%的水平上显著。

(三) 服务业结构变迁空间特征初探

表8-3为2005~2018年中国286个地级及以上城市生产性服务业结构变迁指标和高端服务业结构变迁指标的空间相关性水平Moran's I值，可以得出生产性服务业结构变迁和高端服务业结构变迁的 Moran's I 指数值均显著为正。2005~2018年，生产性服务业结构变迁的 W_1、W_2、W_3 上升幅度分别为102.5%、114.29%、34.38%，其中 W_2 上升幅度最大；高端服务业结构变迁的 W_1、W_2、W_3 上升幅度分别为138.89%、100%、128.09%，其中 W_1 上升幅度最大。相比生产性服务业结构变迁，高端服务业结构在高铁时间距离空间权重下上升幅度最大，这说明高速铁路开通显著提升了高端服务业结构变迁的空间依赖性。

表8-3 服务业结构变迁的全域 Moran's I 指数

年份	生产性服务业结构变迁			高端服务业结构变迁		
	W_1	W_2	W_3	W_1	W_2	W_3
2005	0.040 ***	0.042 ***	0.224 ***	0.018 ***	0.026 ***	0.089 ***
2006	0.046 ***	0.048 ***	0.244 ***	0.018 ***	0.025 ***	0.094 ***
2007	0.060 ***	0.062 ***	0.294 ***	0.039 ***	0.049 ***	0.230 ***
2008	0.061 ***	0.063 ***	0.306 ***	0.040 ***	0.050 ***	0.231 ***
2009	0.050 ***	0.053 ***	0.225 ***	0.042 ***	0.042 ***	0.220 ***
2010	0.060 ***	0.063 ***	0.291 ***	0.040 ***	0.051 ***	0.247 ***

续表

年份	生产性服务业结构变迁			高端服务业结构变迁		
	W_1	W_2	W_3	W_1	W_2	W_3
2011	0.042***	0.046***	0.233***	0.033***	0.041***	0.201***
2012	0.038***	0.042***	0.209***	0.040***	0.047***	0.221***
2013	0.028***	0.034***	0.158***	0.034***	0.036***	0.201***
2014	0.056***	0.065***	0.244***	0.054***	0.065***	0.280***
2015	0.046***	0.055***	0.245***	0.048***	0.059***	0.271***
2016	0.043***	0.051***	0.198***	0.046***	0.058***	0.262***
2017	0.047***	0.056***	0.175***	0.044***	0.055***	0.226***
2018	0.081***	0.090***	0.301***	0.043***	0.052***	0.203***

注：***、**、*分别代表在1%、5%、10%的水平上显著。

（四）技术创新驱动空间特征初探

在表8-4中，通过计算得出的2005～2018年发明专利授权数和实用外观授权数的 Moran's I 指数全部通过了1%水平上的显著性检验，这说明发明专利授权数指标和实用外观授权数指标存在较为稳定的显著空间正相关性，可以看出技术创新驱动的 Moran's I 指数值均呈现递增趋势，在高铁时间距离空间权重下，发明专利授权数指标由2005年的0.055上升到2018年的0.105，实用外观授权数指标由2005年的0.101上升到2018年的0.121，表明随着高速铁路的开通促使发明专利授权数指标和实用外观授权数指标在空间分布的集聚度逐渐增强，意味着技术创新驱动存在空间依赖性。

表8-4　技术创新驱动的全域 Moran's I 指数

年份	发明专利授权数			实用外观授权数		
	W_1	W_2	W_3	W_1	W_2	W_3
2005	0.055***	0.064***	0.163***	0.101***	0.125***	0.367***
2006	0.035***	0.045***	0.143***	0.101***	0.128***	0.401***
2007	0.036***	0.046***	0.192***	0.099***	0.125***	0.394***
2008	0.055***	0.067***	0.244***	0.110***	0.129***	0.396***
2009	0.055***	0.069***	0.250***	0.110***	0.138***	0.417***

续表

年份	发明专利授权数			实用外观授权数		
	W_1	W_2	W_3	W_1	W_2	W_3
2010	0.068 ***	0.081 ***	0.247 ***	0.122 ***	0.150 ***	0.429 ***
2011	0.071 ***	0.088 ***	0.261 ***	0.136 ***	0.163 ***	0.451 ***
2012	0.118 ***	0.143 ***	0.405 ***	0.142 ***	0.168 ***	0.464 ***
2013	0.085 ***	0.103 ***	0.270 ***	0.138 ***	0.164 ***	0.437 ***
2014	0.088 ***	0.105 ***	0.280 ***	0.138 ***	0.166 ***	0.450 ***
2015	0.095 ***	0.113 ***	0.310 ***	0.138 ***	0.166 ***	0.449 ***
2016	0.100 ***	0.119 ***	0.330 ***	0.132 ***	0.161 ***	0.423 ***
2017	0.095 ***	0.114 ***	0.319 ***	0.131 ***	0.160 ***	0.427 ***
2018	0.105 ***	0.125 ***	0.348 ***	0.121 ***	0.149 ***	0.406 ***

注：*** 、 ** 、 * 分别代表在1%、5%、10%的水平上显著。

通过计算被解释变量经济高质量发展指标以及解释变量要素丰裕程度、服务业结构变迁和技术创新驱动的全局 Moran's I 指数，进一步证实了经济高质量发展指标以及解释变量各个指标均存在十分显著的空间正相关性，说明采用空间计量模型进行回归分析具有一定的合理性。

二、空间杜宾模型计量结果分析

本节采用空间杜宾模型进行实证分析，既考虑被解释变量的空间溢出效应，又考虑解释变量和控制变量的空间溢出效应。本节将三种空间权重矩阵引入模型中建立计量关系，运用空间杜宾计量模型来检验高速铁路影响下的解释变量和被解释变量是否存在空间溢出效应。

（一）高速铁路影响下要素丰裕程度对经济高质量发展的空间计量分析

为了检验相邻地区要素丰裕程度对本地区经济高质量发展影响的空间溢出效应，构建如下空间杜宾计量模型进行估计，模型设定如下：

$$\begin{cases} TFP_{it} = \rho W TFP_{it} + \beta_1 K_{it} + \lambda_1 W_{ij} K_{it} + \beta_2 Hum_{it} + \lambda_2 W_{ij} Hum_{it} + \\ \quad \beta_3 Road_{it} + \lambda_3 W_{ij} Road_{it} + \beta_4 Urb_{it} + \lambda_4 W Urb_{it} + \beta_5 Fdi_{it} + \\ \quad \lambda_5 W Fdi_{it} + \beta_6 Gov_{it} + \lambda_6 W Gov_{it} + \varepsilon_{it} \\ \varepsilon_{it} \sim N(0, \sigma^2 I_n) \end{cases} \qquad (8-15)$$

$$
\begin{cases}
TFP_{it} = \rho WTFP_{it} + \beta_1 L_{it} + \lambda_1 W_{ij}L_{it} + \beta_2 Hum_{it} + \lambda_2 W_{ij}Hum_{it} + \\
\quad \beta_3 Road_{it} + \lambda_3 W_{ij}Road_{it} + \beta_4 Urb_{it} + \lambda_4 WUrb_{it} + \beta_5 Fdi_{it} + \\
\quad \lambda_5 WFdi_{it} + \beta_6 Gov_{it} + \lambda_6 WGov_{it} + \varepsilon_{it} \\
\varepsilon_{it} \sim N(0, \sigma^2 I_n)
\end{cases} \quad (8\text{-}16)
$$

其中，i 表示地区，t 表示年份；TFP_{it} 表示地区 i 第 t 年的经济高质量发展水平；K_{it} 表示资本要素指标；L_{it} 表示劳动力要素指标，W_{ij} 是空间权重矩阵；Hum_{it} 表示人力资本指标；$Road_{it}$ 表示基础设施指标；Urb_{it} 表示城镇化水平指标；Fdi_{it} 表示对外开放程度指标；Gov_{it} 表示政府干预程度指标；ε_{it} 表示随机误差项。

对模型（8-15）和模型（8-16）进行参数估计，检验高速铁路影响下的要素丰裕程度对经济高质量发展的影响，回归结果如表8-5所示。

表 8-5 要素丰裕程度对经济高质量发展的空间模型估计结果

变量	资本要素			劳动力要素		
	W_1	W_2	W_3	W_1	W_2	W_3
	（1）	（2）	（3）	（4）	（5）	（6）
ρ	0.750 ***	0.738 ***	0.271 ***	0.733 ***	0.732 ***	0.233 ***
	（0.056）	（0.056）	（0.021）	（0.059）	（0.057）	（0.022）
K	0.006 ***	0.005 **	0.003			
	（0.002）	（0.002）	（0.001）			
L				0.017 ***	0.016 ***	0.012 ***
				（0.002）	（0.002）	（0.002）
Hum	-0.001	-0.001	-0.001	-0.005 ***	-0.004 ***	-0.003 **
	（0.001）	（0.001）	（0.001）	（0.001）	（0.001）	（0.001）
$Road$	0.029 ***	0.028 ***	0.028 ***	0.029 ***	0.028 ***	0.029 ***
	（0.002）	（0.002）	（0.002）	（0.002）	（0.002）	（0.002）
Urb	0.073 ***	0.073 ***	0.076 ***	0.071 ***	0.071 ***	0.075 ***
	（0.005）	（0.005）	（0.006）	（0.006）	（0.005）	（0.005）
Fdi	-0.512 ***	-0.558 ***	-0.449 ***	-0.547 ***	-0.584 ***	-0.473 ***
	（0.078）	（0.078）	（0.078）	（0.076）	（0.076）	（0.076）
Gov	-0.379 ***	-0.370 ***	-0.345 ***	-0.358 ***	-0.351 ***	-0.330 ***
	（0.018）	（0.018）	（0.018）	（0.017）	（0.017）	（0.017）
$W \times K$	0.027 *	0.017	0.005 ***			
	（0.015）	（0.014）	（0.001）			

续表

变量	资本要素			劳动力要素		
	W_1	W_2	W_3	W_1	W_2	W_3
	(1)	(2)	(3)	(4)	(5)	(6)
$W \times L$				0.069***	0.074***	0.022***
				(0.019)	(0.017)	(0.003)
$W \times Hum$	−0.051***	−0.006	−0.010***	−0.058***	−0.026	−0.016***
	(0.019)	(0.017)	(0.002)	(0.018)	(0.017)	(0.002)
$W \times Road$	0.086***	0.067***	0.006	0.102***	0.086***	0.013***
	(0.022)	(0.022)	(0.004)	(0.022)	(0.022)	(0.003)
$W \times Urb$	0.020	0.002	0.007	0.041	0.020	0.015
	(0.050)	(0.045)	(0.011)	(0.046)	(0.041)	(0.011)
$W \times Fdi$	−0.312	−0.308	0.064	0.121	−0.003	0.011
	(0.529)	(0.513)	(0.119)	(0.515)	(0.491)	(0.119)
$W \times Gov$	−0.177	−0.108	−0.063**	0.253	0.402**	−0.002
	(0.164)	(0.158)	(0.026)	(0.177)	(0.169)	(0.023)
σ^2	0.005***	0.006***	0.005***	0.005***	0.005***	0.005***
	(0.000)	(0.000)	(0.000)	(0.000)	(0.000)	(0.000)
N	4004	4004	4004	4004	4004	4004
R^2	0.456	0.461	0.220	0.414	0.397	0.253

注：括号内代表稳健标准差，***、**、* 分别代表在1%、5%、10%的水平上显著。

表8-5中模型（8-15）的回归结果为列（1）至列（3），结果显示经济高质量发展的空间自回归系数 ρ 均在1%的水平显著为正，在三种空间权重下的系数分别为0.750、0.738和0.271，在高铁时间距离空间权重下的系数最大，说明在高速铁路影响下经济高质量发展存在显著的正向空间溢出效应，这充分说明了高速铁路以更快的速度和更少的旅行时间将沿线城市紧密地连接在一起，通过扩散效应带动相邻区域经济高质量发展。根据列（1）可知，资本要素在高铁时间距离空间权重下对本地区和相邻地区经济高质量发展水平的影响系数分别为0.006和0.027，前者在1%的水平上显著，后者在10%的水平上显著，具有较强的正向空间溢出效应，这表明当一个城市的资本要素提高1%的情况下，促使本地区经济高质量发展提高0.006%；当一个城市的资本要素提高1%的情况下，相邻地区的经济高质量发展将提高0.027%。根据列（2）和列（3）可知，在普铁时间距离空间权重和0-1相邻空间权重下，资本要素对本地区和相邻地区经济高

质量发展水平的影响系数均低于高铁时间距离空间权重的系数，这表明高速铁路开通提升了整个区域市场的开放度，解决了资源匮乏、要素供给不足等问题，在高速铁路背景下资本要素对城市经济高质量发展具有积极的促进作用。

表8-5中模型（8-16）的回归结果为列（4）至列（6），结果显示经济高质量发展的空间自回归系数 ρ 在三种权重下均在1%的水平显著为正，在高铁时间距离空间权重下的系数最大，说明在高速铁路影响下经济高质量发展存在显著的正向空间溢出效应。根据列（4）可知，劳动力要素在高铁时间距离空间权重下对本地区和相邻地区经济高质量发展水平的影响系数分别为0.017和0.069，并且都通过了1%水平上的显著性检验，具有较强的正向空间溢出效应，这说明高速铁路开通压缩了时空距离，加快了劳动力流动，有利于劳动力要素辐射落后地区，形成显著的空间溢出效应。根据列（5）和列（6）可知，劳动力要素在普铁时间距离空间权重和0-1相邻空间权重下对本地区经济高质量发展的影响系数均低于高铁时间距离空间权重，说明高速铁路开通提高了城市的可达性水平，使劳动力要素在不同区域之间流动的过程中实现了资源合理配置，削弱了要素流动的空间壁垒，明显地改变了城市区位条件，加强了区域间的经济联系。

（二）高速铁路影响下服务业结构变迁对经济高质量发展的空间计量分析

为了检验相邻地级市服务业结构变迁对本地区经济高质量发展的影响，构建如下空间杜宾计量模型进行估计，模型设定如下：

$$
\begin{cases}
TFP_{it} = \rho WTFP_{it} + \beta_1 SS_{it} + \lambda_1 W_{ij}SS_{it} + \beta_2 Hum_{it} + \lambda_2 W_{ij}Hum_{it} + \\
\qquad \beta_3 Road_{it} + \lambda_3 W_{ij}Road_{it} + \beta_4 Urb_{it} + \lambda_4 WUrb_{it} + \beta_5 Fdi_{it} + \\
\qquad \lambda_5 WFdi_{it} + \beta_6 Gov_{it} + \lambda_6 WGov_{it} + \varepsilon_{it} \\
\varepsilon_{it} \sim N(0, \ \sigma^2 I_n)
\end{cases}
\tag{8-17}
$$

$$
\begin{cases}
TFP_{it} = \rho WTFP_{it} + \beta_1 GS_{it} + \lambda_1 W_{ij}GS_{it} + \beta_2 Hum_{it} + \lambda_2 W_{ij}Hum_{it} + \\
\qquad \beta_3 Road_{it} + \lambda_3 W_{ij}Road_{it} + \beta_4 Urb_{it} + \lambda_4 WUrb_{it} + \beta_5 Fdi_{it} + \\
\qquad \lambda_5 WFdi_{it} + \beta_6 Gov_{it} + \lambda_6 WGov_{it} + \varepsilon_{it} \\
\varepsilon_{it} \sim N(0, \ \sigma^2 I_n)
\end{cases}
\tag{8-18}
$$

对模型（8-17）和模型（8-18）进行参数估计，检验高速铁路影响下服务业结构变迁对经济高质量发展的影响，回归结果如表8-6所示。

表8-6中模型（8-17）的回归结果为列（1）至列（3），结果显示经济高质量发展的空间自回归系数 ρ 在三种权重下均在1%的水平显著为正，在高铁时间距离空间权重下的系数最大，说明在高速铁路影响下经济高质量发展存在显著的正向空间溢出效应。根据列（1）可知，生产性服务业结构变迁在高铁时间距

离空间权重下对本地区和相邻地区经济高质量发展的影响系数为 0.046 和 0.124，且均通过了显著性检验，这说明高速铁路的大规模建设重塑了中国交通空间格局，改变了区域经济结构，并且对生产性服务业结构变迁产生直接影响，有利于生产性服务业产业链上的企业和产业链前后关联的企业实现交流与合作，显著推动了生产性服务业发展。根据列（2）可知，生产性服务业结构变迁在普铁时间距离空间权重下对本地区经济高质量发展和相邻地区经济高质量发展的系数分别为 0.045 和 0.112，均低于高铁时间距离空间权重下的影响系数。这说明相比普通铁路，高速铁路大规模开通更能够促使经济活动频繁往来，促使生产性服务业结构变迁产生显著的正向空间溢出效应。

表 8-6 中模型（8-18）的回归结果为列（4）至列（6），结果显示经济高质量发展的空间自回归系数 ρ 在三种权重下均在 1% 的水平显著为正，说明经济高质量发展存在显著的正向空间溢出效应。根据列（4）可知，高端服务业结构变迁在高铁时间距离空间权重下对本地区和相邻地区经济高质量发展水平的影响系数分别为 0.023 和 0.161，并且都通过了 1% 水平上的显著性检验；由列（5）可知，高端服务业结构变迁在普铁时间距离空间权重下对本地区和相邻地区经济高质量发展水平的影响系数分别为 0.023 和 0.095，可以看出在高铁时间距离空间权重下的高端服务业结构变迁对相邻地区经济高质量发展的影响最为显著，形成了较强的空间溢出效应，这是因为高端服务业是生产性服务业的核心部分，属于高科技、知识密集型服务业，随着高速铁路开通产生的"时空收敛效应"会降低企业之间的通勤成本、沟通成本和交易成本，扩大高端服务业的辐射范围，从而产生空间溢出效应，发挥对其他地区产业布局广泛辐射和全面支撑的作用，进而推动相邻地区的经济高质量发展。

表 8-6 服务业结构变迁对经济高质量发展的空间模型估计结果

变量	生产性服务业结构变迁			高端服务业结构变迁		
	W_1	W_2	W_3	W_1	W_2	W_3
	（1）	（2）	（3）	（4）	（5）	（6）
ρ	0.712***	0.711***	0.278***	0.720***	0.735***	0.289***
	(0.062)	(0.060)	(0.021)	(0.061)	(0.056)	(0.021)
SS	0.046***	0.045***	0.048***			
	(0.007)	(0.007)	(0.007)			
GS				0.023***	0.023***	0.023***
				(0.00387)	(0.00386)	(0.00378)

续表

变量	生产性服务业结构变迁			高端服务业结构变迁		
	W_1	W_2	W_3	W_1	W_2	W_3
	（1）	（2）	（3）	（4）	（5）	（6）
Hum	−0.001	−0.001	−0.001	−0.001	−0.001	−0.001
	（0.001）	（0.001）	（0.001）	（0.001）	（0.001）	（0.001）
Road	0.029 ***	0.029 ***	0.026 ***	0.028 ***	0.026 ***	0.024 ***
	（0.002）	（0.002）	（0.002）	（0.002）	（0.002）	（0.002）
Urb	0.066 ***	0.067 ***	0.064 ***	0.061 ***	0.062 ***	0.058 ***
	（0.005）	（0.005）	（0.005）	（0.005）	（0.006）	（0.006）
Fdi	−0.460 ***	−0.512 ***	−0.407 ***	−0.479 ***	−0.524 ***	−0.404 ***
	（0.075）	（0.076）	（0.076）	（0.076）	（0.0765）	（0.076）
Gov	−0.375 ***	−0.365 ***	−0.346 ***	−0.366 ***	−0.357 ***	−0.346 ***
	（0.017）	（0.017）	（0.017）	（0.017）	（0.017）	（0.017）
W×SS	0.124 **	0.112 **	0.007			
	（0.051）	（0.050）	（0.011）			
W×GS				0.161 ***	0.095 **	−0.003
				（0.043）	（0.040）	（0.005）
W×Hum	−0.039 **	−0.003	−0.002	−0.054 ***	−0.008	−0.003
	（0.018）	（0.016）	（0.002）	（0.018）	（0.016）	（0.002）
W×Road	0.123 ***	0.104 ***	0.016 ***	0.074 ***	0.061 ***	0.014 ***
	（0.024）	（0.024）	（0.004）	（0.022）	（0.022）	（0.004）
W×Urb	0.014	0.003	0.0156	−0.096 **	−0.075 *	0.006
	（0.044）	（0.040）	（0.011）	（0.045）	（0.042）	（0.011）
W×Fdi	−0.618	−0.594	0.003	−0.732	−0.622	0.052
	（0.527）	（0.503）	（0.120）	（0.529）	（0.506）	（0.121）
W×Gov	−0.099	0.001	0.001	−0.356 **	−0.236	−0.015
	（0.159）	（0.154）	（0.026）	（0.154）	（0.148）	（0.028）
σ^2	0.005 ***	0.005 ***	0.005 ***	0.005 ***	0.005 ***	0.005 ***
	（0.000）	（0.000）	（0.000）	（0.000）	（0.000）	（0.000）
N	4004	4004	4004	4004	4004	4004
R^2	0.337	0.415	0.219	0.190	0.318	0.216

注：括号内代表稳健标准差，***、**、*分别代表在1%、5%、10%的水平上显著。

（三）高速铁路影响下技术创新驱动对经济高质量发展的空间计量分析

为了检验相邻地区解释变量技术创新驱动对本地区经济高质量发展的影响，构建如下空间杜宾计量模型进行估计，模型设定如下：

$$
\begin{cases}
\begin{aligned}
TFP_{it} = {} & \rho WTFP_{it} + \beta_1 Inv_{it} + \lambda_1 W_{ij}Inv_{it} + \beta_2 Hum_{it} + \lambda_2 W_{ij}Hum_{it} + \\
& \beta_3 Road_{it} + \lambda_3 W_{ij}Road_{it} + \beta_4 Urb_{it} + \lambda_4 WUrb_{it} + \beta_5 Fdi_{it} + \\
& \lambda_5 WFdi_{it} + \beta_6 Gov_{it} + \lambda_6 WGov_{it} + \varepsilon_{it}
\end{aligned} \\
\varepsilon_{it} \sim N(0,\ \sigma^2 I_n)
\end{cases}
\tag{8-19}
$$

$$
\begin{cases}
\begin{aligned}
TFP_{it} = {} & \rho WTFP_{it} + \beta_1 U\&A_{it} + \lambda_1 W_{ij}U\&A_{it} + \beta_2 Hum_{it} + \lambda_2 W_{ij}Hum_{it} + \\
& \beta_3 Road_{it} + \lambda_3 W_{ij}Road_{it} + \beta_4 Urb_{it} + \lambda_4 WUrb_{it} + \beta_5 Fdi_{it} + \\
& \lambda_5 WFdi_{it} + \beta_6 Gov_{it} + \lambda_6 WGov_{it} + \varepsilon_{it}
\end{aligned} \\
\varepsilon_{it} \sim N(0,\ \sigma^2 I_n)
\end{cases}
\tag{8-20}
$$

对模型（8-19）和模型（8-20）进行参数估计，检验空间视角下技术创新驱动对经济高质量发展的影响，回归结果如表 8-7 所示。

表 8-7　技术创新驱动对经济高质量发展的空间模型估计结果

变量	发明专利授权数			实用外观授权数		
	W_1	W_2	W_3	W_1	W_2	W_3
	（1）	（2）	（3）	（4）	（5）	（6）
ρ	0.739***	0.743***	0.260***	0.732***	0.746***	0.243***
	(0.058)	(0.055)	(0.021)	(0.058)	(0.055)	(0.021)
Inv	0.007***	0.006***	0.005***			
	(0.000)	(0.000)	(0.000)			
$U\&A$				0.017***	0.016***	0.012***
				(0.001)	(0.001)	(0.001)
Hum	0.027***	0.026***	0.025***	0.025***	0.025***	0.023***
	(0.002)	(0.002)	(0.002)	(0.002)	(0.002)	(0.002)
$Road$	0.066***	0.067***	0.066***	0.064***	0.066***	0.064***
	(0.005)	(0.005)	(0.005)	(0.005)	(0.005)	(0.005)
Urb	−0.527***	−0.573***	−0.471***	−0.586***	−0.622***	−0.546***
	(0.076)	(0.076)	(0.076)	(0.075)	(0.075)	(0.076)

续表

变量	发明专利授权数			实用外观授权数		
	W_1	W_2	W_3	W_1	W_2	W_3
	（1）	（2）	（3）	（4）	（5）	（6）
Fdi	-0.359***	-0.353***	-0.337***	-0.321***	-0.318***	-0.304***
	（0.017）	（0.017）	（0.017）	（0.017）	（0.017）	（0.017）
Gov	0.027***	0.026***	0.025***	0.025***	0.025***	0.023***
	（0.002）	（0.002）	（0.002）	（0.002）	（0.002）	（0.002）
W×Inv	0.008	0.002	0.007			
	（0.007）	（0.007）	（0.001）			
W×U&A				-0.023***	-0.022***	0.001
				（0.008）	（0.007）	（0.001）
W×Hum	0.107***	0.084***	0.015***	0.117***	0.093***	0.015***
	（0.022）	（0.022）	（0.003）	（0.022）	（0.022）	（0.003）
W×Road	-0.007	-0.017	0.006	-0.058	-0.047	0.002
	（0.044）	（0.040）	（0.011）	（0.043）	（0.039）	（0.011）
W×Urb	-0.171	-0.142	-0.053	-0.319	-0.172	-0.088
	（0.520）	（0.499）	（0.120）	（0.548）	（0.528）	（0.121）
W×Fdi	-0.065	-0.004	0.030	-0.124	-0.025	-0.001
	（0.169）	（0.164）	（0.024）	（0.168）	（0.162）	（0.023）
W×Gov	0.107***	0.084***	0.015***	0.117***	0.093***	0.015***
	（0.022）	（0.022）	（0.003）	（0.022）	（0.022）	（0.003）
σ^2	0.005***	0.005***	0.005***	0.005***	0.005***	0.005***
	（0.000）	（0.000）	（0.000）	（0.000）	（0.000）	（0.000）
N	4004	4004	4004	4004	4004	4004
R^2	0.475	0.484	0.386	0.261	0.419	0.358

注：括号内代表稳健标准差，***、**、*分别代表在1%、5%、10%的水平上显著。

表8-7中模型（8-19）的回归结果为列（1）至列（3），结果显示经济高质量发展的空间自回归系数 ρ 均在1%的水平显著为正，这说明城市的外部性对城市经济高质量发展有重要影响，相邻城市之间存在显著的正向空间溢出效应。

根据列（1）可知，在高铁时间距离空间权重下发明专利授权数对本地区和相邻地区经济高质量发展的影响系数分别为0.007和0.008，且前者通过了1%水平上的显著性检验，后者没有通过显著性检验，表明发明专利授权数对相邻地区经济发展的影响并不显著，但是对本地区的经济高质量发展的影响为显著的正向作用，这说明高速铁路开通促使人才及创新资源集聚，从而对当地创新活动产生了积极的影响，进而推动了经济高质量发展。根据列（2）和列（3）可知，在普铁时间距离空间权重和0-1相邻空间权重下，发明专利授权数对本地区和相邻地区经济高质量发展水平的影响系数均低于高铁时间距离空间权重的系数，这表明高速铁路开通影响下的发明专利授权数在很大程度上推动了经济高质量发展。

表8-7中模型（8-20）的回归结果为列（4）至列（6），结果显示经济高质量发展的空间自回归系数ρ在三种权重下均在1%的水平显著为正，说明本地区的经济高质量发展带动了相邻地区经济高质量发展，在空间视角下经济高质量发展存在显著的正向空间溢出效应。根据列（4）可知，实用外观授权数在高铁时间距离空间权重下对本地区和相邻地区经济高质量发展水平的影响系数分别为0.017和-0.023，并且都通过了1%水平上的显著性检验，这可能是因为高速铁路开通对中小城市来说是一柄"双刃剑"，高速铁路开通会促使中小城市的技术创新集聚到大城市，产生虹吸效应，进而对相邻地区经济高质量发展产生负面影响。根据列（5）和列（6）可知，在普铁时间距离空间权重和0-1相邻空间权重下，实用外观授权数对本地区经济高质量发展水平的影响系数均低于高铁时间距离空间权重的系数，表明高速铁路开通提高了科技创新水平，进而促进经济实现高质量发展。

三、空间杜宾模型效应分解

通过表8-5、表8-6和表8-7可知，经济高质量发展的空间自回归系数ρ在三种权重下均在1%的水平显著为正，这表明本地区的经济高质量发展促进了相邻地区的经济高质量发展，在高速铁路影响下的经济高质量发展存在显著的正向空间溢出效应。在空间杜宾面板模型估计的基础上，本节利用计算偏导数的方法对要素丰裕程度、服务业结构变迁和技术创新驱动对经济高质量发展的影响进行空间效应分解，可以分解为直接效应、间接效应和总效应。具体而言，直接效应是指所有地区自变量对本地区因变量带来的总体影响的平均值，包括本地区自变量对因变量产生的平均内部影响，也包括本地区自变量对相邻地区因变量产生的平均外部传导反馈影响，即核心解释变量和控制变量对本地区经济高质量发展的影响。间接效应是所有地区自变量对相邻地区因变量产生的平均影响，即核心解释变量和控制变量对相邻地区经济高质量发展的影响。总效应是所有地区自变量对本地区和相邻地区因变量产生的平均影响，即核心解释变量和控制变量对所有地区经济高质量发展的影响。通过采用直接效应、间接效应和总效应分析可以清晰地测算要素丰裕程度、服务业结构变迁和技术创新驱动对中国经济高质量发展的差异化影响。因此，本节分解了要素丰裕程度、服务业结构变迁和技术创新驱动对经济高质量发展的三种效应，结果如表8-8、表8-9和表8-10所示。

（一）高速铁路影响下要素丰裕程度的空间溢出效应分解

第一，从直接效应来分析。根据表8-8的分解结果可知，在高铁时间距离空间权重下，资本要素和劳动力要素的直接效应估计系数分别为0.006和0.018，均通过了1%水平上的显著性检验，超过了在普铁时间距离空间权重和0-1相邻空间权重下的系数，这说明经济高质量发展受资本要素和劳动力要素的影响十分明显。其原因是高速铁路缩短了城市间的通行时间，吸引更多企业入驻，促使更多优质资本和高素质劳动力汇聚到交通便利地区，实现了资本和劳动力的合理配置，有利于要素供给与需求相匹配，提高了要素配置效率，从而推动了本地区经济高质量发展。

第二，从间接效应来分析。资本要素在三种空间权重下的间接效应估计系数分别为0.131、0.084和0.008，其中在高铁时间距离空间权重下的系数最大，且通过了10%水平上的显著性检验，说明资本要素对相邻地区经济高质量发展存在显著的正向空间溢出效应，当资本要素提升1%，空间溢出效应将增加0.131%。劳动力要素在三种空间权重下的间接效应估计系数分别为0.322、0.337和0.031，其中在普铁时间距离空间权重下的系数最大，且通过了1%水平上的显著性检验，这说明劳动力要素在普通铁路的输送下对相邻地区经济发展的影响最为显著，这可能是因为高速铁路运行主要为中短途高端旅客服务，而普通铁路主要为中长途普通旅客服务，相比高铁运行，普通铁路的客运量和旅客周转量占比更大，因此劳动力要素在普铁时间距离空间权重下对相邻地区的经济发展影响最为明显。

第三，从总效应来分析。资本要素在三种空间权重下的总效应估计系数分别为0.137、0.090和0.011，其中在高铁时间距离空间权重下的系数最大，且通过了10%水平上的显著性检验，当资本要素提升1%，空间溢出效应将增加0.137%，意味着资本要素对所有地区经济高质量发展存在正向空间溢出效应。劳动力要素在三种空间权重下的总效应估计系数分别为0.341、0.355和0.045，均通过了1%水平上的显著性检验，表明劳动力要素对所有地区经济高质量发展存在正向空间溢出效应。

表 8-8　要素丰裕程度对经济高质量发展的空间溢出效应分解

效应类别	变量	资本要素			变量	劳动力要素		
		W_1	W_2	W_3		W_1	W_2	W_3
直接效应	K	0.006 ***	0.005 ***	0.003 *	L	0.018 ***	0.017 ***	0.013 ***
		(0.002)	(0.002)	(0.002)		(0.002)	(0.002)	(0.002)
	Hum	−0.002	−0.001	−0.001	Hum	−0.005 ***	−0.004 ***	−0.003 ***
		(0.001)	(0.001)	(0.001)		(0.001)	(0.001)	(0.001)
	$Road$	0.031 ***	0.029 ***	0.029 ***	$Road$	0.031 ***	0.030 ***	0.030 ***
		(0.002)	(0.002)	(0.002)		(0.002)	(0.002)	(0.002)
	Urb	0.0742 ***	0.074 ***	0.077 ***	Urb	0.072 ***	0.072 ***	0.077 ***
		(0.00578)	(0.005)	(0.005)		(0.005)	(0.005)	(0.005)
	Fdi	−0.525 ***	−0.571 ***	−0.454 ***	Fdi	−0.552 ***	−0.592 ***	−0.479 ***
		(0.0714)	(0.072)	(0.071)		(0.069)	(0.070)	(0.070)
	Gov	−0.385 ***	−0.375 ***	−0.354 ***	Gov	−0.357 ***	−0.348 ***	−0.332 ***
		(0.0173)	(0.017)	(0.017)		(0.016)	(0.017)	(0.017)
间接效应	K	0.131 *	0.084	0.008 ***	L	0.322 ***	0.337 ***	0.031 ***
		(0.0747)	(0.061)	(0.001)		(0.116)	(0.111)	(0.003)
	Hum	−0.223 **	−0.031	−0.013 ***	Hum	−0.246 **	−0.117 *	−0.021 ***
		(0.0999)	(0.064)	(0.003)		(0.097)	(0.068)	(0.003)
	$Road$	0.461 ***	0.357 ***	0.018 ***	$Road$	0.488 ***	0.427 ***	0.024 ***
		(0.162)	(0.130)	(0.005)		(0.163)	(0.143)	(0.004)
	Urb	0.316	0.225	0.036 **	Urb	0.364 *	0.283 *	0.040 ***
		(0.223)	(0.182)	(0.014)		(0.197)	(0.165)	(0.013)
	Fdi	−2.996	−2.943	−0.081	Fdi	−1.161	−1.758	−0.128
		(2.344)	(2.151)	(0.138)		(2.008)	(1.922)	(0.133)
	Gov	−1.891 **	−1.473 **	−0.199 ***	Gov	0.001	0.605	−0.095 ***
		(0.804)	(0.677)	(0.029)		(0.691)	(0.688)	(0.025)
总效应	K	0.137 *	0.090	0.011 ***	L	0.341 ***	0.355 ***	0.045 ***
		(0.0748)	(0.061)	(0.002)		(0.117)	(0.111)	(0.004)
	Hum	−0.225 **	−0.032	−0.014 ***	Hum	−0.252 **	−0.122 *	−0.025 ***
		(0.100)	(0.064)	(0.003)		(0.097)	(0.069)	(0.003)
	$Road$	0.491 ***	0.387 ***	0.047 ***	$Road$	0.520 ***	0.458 ***	0.055 ***
		(0.162)	(0.131)	(0.005)		(0.163)	(0.144)	(0.004)

续表

效应类别	变量	资本要素			变量	劳动力要素		
		W_1	W_2	W_3		W_1	W_2	W_3
总效应	Urb	0.391*	0.299*	0.114***	Urb	0.437**	0.356**	0.118***
		(0.224)	(0.182)	(0.015)		(0.197)	(0.165)	(0.014)
	Fdi	−3.521	−3.514	−0.535***	Fdi	−1.713	−2.349	−0.608***
		(2.340)	(2.145)	(0.143)		(2.002)	(1.916)	(0.134)
	Gov	−2.276***	−1.848***	−0.553***	Gov	−0.356	0.257	−0.427***
		(0.803)	(0.675)	(0.032)		(0.691)	(0.688)	(0.028)

注：括号内代表稳健标准差，***、**、*分别代表在1%、5%、10%的水平上显著。

(二) 高速铁路影响下服务业结构变迁的空间溢出效应分解

第一，从直接效应来分析。根据表8-9的分解结果可知，在高铁时间距离空间权重下，生产性服务业结构变迁和高端服务业结构变迁的直接效应估计系数分别为0.048和0.026，并且均通过了1%水平上的显著性检验；生产性服务业结构变迁和高端服务业结构变迁的直接效应系数均超过了普铁时间距离空间权重。这说明生产性服务业结构变迁和高端服务业结构变迁在高铁时间距离空间权重下对本地区经济高质量发展产生十分显著的影响，这是因为高铁开通扩大了服务业的辐射范围、提升了市场发展潜力，从而打破了城市间的空间壁垒，促使服务业内部结构升级，进而助推经济高质量发展。

第二，从间接效应来分析。生产性服务业结构变迁在三种空间权重下的间接效应估计系数分别为0.564、0.515和0.026，其中在高铁时间距离空间权重下的系数最大，且通过了5%水平上的显著性检验，说明生产性服务业结构变迁对相邻地区经济高质量发展存在显著的正向空间溢出效应。高端服务业结构变迁在三种空间权重下的间接效应估计系数分别为0.661、0.444和0.004，其中在高铁时间距离空间权重下的系数最大，并且通过了1%水平的显著性检验，这说明高速铁路通过"区位强化效应"降低了企业之间的通勤成本、沟通成本和交易成本，扩大了生产性服务业和高端服务业的辐射范围，从而推动了相邻地区经济高质量发展。

第三，从总效应来分析。生产性服务业结构变迁在三种空间权重下的总效应估计系数分别为0.613、0.563和0.077，其中在高铁时间距离空间权重下的系数最大，当生产性服务业结构变迁提升1%，空间溢出效应将增加0.613%，意味着在高速铁路背景下生产性服务业结构变迁对所有地区经济高质量发展的空间溢出效应最显著。高端服务业结构变迁在三种空间权重下的总效应估计系数分别为0.687、0.470 和 0.028，其中在高铁时间距离空间权重下的系数最大，且通过了1%水平上的显著性检验，当高端服务业结构变迁提升 1%，空间溢出效应将增加0.687%，表明在高速铁路背景下高端服务业结构变迁对所有地区经济高质量发展的空间溢出效应最显著。

表 8-9　服务业结构变迁对经济高质量发展的空间溢出效应分解

效应类别	变量	生产性服务业结构变迁			变量	高端服务业结构变迁		
		W_1	W_2	W_3		W_1	W_2	W_3
直接效应	SS	0.048***	0.047***	0.050***	GS	0.026***	0.025***	0.024***
		(0.007)	(0.007)	(0.007)		(0.004)	(0.003)	(0.003)
	Hum	−0.002*	−0.001	−0.001	Hum	−0.002**	−0.001	−0.002
		(0.001)	(0.001)	(0.001)		(0.001)	(0.001)	(0.001)
	Road	0.032***	0.031***	0.028***	Road	0.029***	0.028***	0.025***
		(0.002)	(0.002)	(0.002)		(0.002)	(0.002)	(0.002)
	Urb	0.067***	0.068***	0.066***	Urb	0.060***	0.061***	0.060***
		(0.005)	(0.005)	(0.005)		(0.005)	(0.005)	(0.006)
	Fdi	−0.474***	−0.527***	−0.415***	Fdi	−0.496***	−0.541***	−0.409***
		(0.070)	(0.071)	(0.070)		(0.070)	(0.071)	(0.070)
	Gov	−0.379***	−0.368***	−0.351***	Gov	−0.374***	−0.364***	−0.352***
		(0.016)	(0.016)	(0.017)		(0.016)	(0.016)	(0.017)
间接效应	SS	0.564**	0.515**	0.026*	GS	0.661***	0.444**	0.004
		(0.224)	(0.209)	(0.013)		(0.225)	(0.188)	(0.006)
	Hum	−0.151**	−0.018	−0.003	Hum	−0.211**	−0.042	−0.004
		(0.075)	(0.054)	(0.002)		(0.087)	(0.061)	(0.003)
	Road	0.532***	0.454***	0.031***	Road	0.363***	0.324**	0.028***
		(0.167)	(0.142)	(0.004)		(0.137)	(0.128)	(0.004)
	Urb	0.228	0.186	0.043***	Urb	−0.194	−0.113	0.031**
		(0.166)	(0.145)	(0.014)		(0.178)	(0.171)	(0.014)
	Fdi	−3.484*	−3.513*	−0.149	Fdi	−4.082*	−4.033*	−0.090
		(2.065)	(1.948)	(0.142)		(2.191)	(2.180)	(0.144)
	Gov	−1.308**	−0.903	−0.122***	Gov	−2.284***	−1.924***	−0.149***
		(0.649)	(0.569)	(0.031)		(0.783)	(0.701)	(0.033)

续表

效应类别	变量	生产性服务业结构变迁			变量	高端服务业结构变迁		
		W_1	W_2	W_3		W_1	W_2	W_3
总效应	SS	0.613 ***	0.563 ***	0.077 ***	GS	0.687 ***	0.470 **	0.028 ***
		(0.224)	(0.208)	(0.014)		(0.226)	(0.189)	(0.008)
	Hum	−0.153 **	−0.0198	−0.005	Hum	−0.214 **	−0.044	−0.006 *
		(0.0762)	(0.0543)	(0.003)		(0.088)	(0.061)	(0.003)
	Road	0.564 ***	0.485 ***	0.059 ***	Road	0.392 ***	0.353 ***	0.053 ***
		(0.168)	(0.143)	(0.005)		(0.137)	(0.129)	(0.005)
	Urb	0.295 *	0.255 *	0.110 ***	Urb	−0.134	−0.051	0.090 ***
		(0.166)	(0.145)	(0.015)		(0.178)	(0.171)	(0.016)
	Fdi	−3.959 *	−4.040 **	−0.564 ***	Fdi	−4.577 **	−4.574 **	−0.499 ***
		(2.060)	(1.943)	(0.147)		(2.187)	(2.176)	(0.149)
	Gov	−1.687 ***	−1.271 **	−0.472 ***	Gov	−2.658 ***	−2.288 ***	−0.502 ***
		(0.647)	(0.566)	(0.033)		(0.781)	(0.698)	(0.035)

注：括号内代表稳健标准差，*** 、 ** 、 * 分别代表在1%、5%、10%的水平上显著。

（三）高速铁路影响下技术创新驱动的空间溢出效应分解

第一，从直接效应来分析。根据表8-10的分解结果可知，在高铁时间距离空间权重下，发明专利授权数和实用外观授权数的直接效应估计系数分别为0.007和0.017，并且均通过了1%水平上的显著性检验，两者的直接效应系数均超过了在普铁时间距离空间权重和0-1相邻空间权重下的系数。这说明发明专利授权数和实用外观授权数在高铁时间距离空间权重下对本地区经济高质量发展产生十分显著的影响，这是因为高速铁路开通提高了城市之间的"知识可达性"，促进了科技人才集聚在较发达的城市，从而提升了发明专利创新产出和实用外观创新产出，进而影响经济高质量发展。

第二，从间接效应来分析。发明专利授权数在三种空间权重下的间接效应估计系数分别为0.054、0.029和0.011，在高铁时间距离空间权重下的系数最大，说明发明专利授权数对相邻地区经济高质量发展存在正向空间溢出效应。这是因为高速铁路开通加速了科技含量较高的发明专利创新在更广范围的空间内传播和扩散，产生了空间溢出效应，促进邻近城市经济高质量发展的提升。实用外观授权数在三种空间权重下的间接效应估计系数分别为−0.042、−0.047和0.006，其中在高铁时间距离空间权重下的系数为负且不显著，这说明科技含量相对较低的实用外观创新对相邻城市经济高质量发展的影响并不是十分显著。

第三，从总效应来分析。发明专利授权数在三种空间权重下的总效应估计系数分别为 0.061、0.036 和 0.016，其中在高铁空间权重下的系数最大，且通过了 10% 水平上的显著性检验；实用外观授权数在三种空间权重下的总效应估计系数分别为 −0.025、−0.030 和 0.019。这说明当发明专利授权数提升 1%，空间溢出效应将增加 0.061%，这是因为高速铁路开通产生了"空间极化效应"，降低了中心城市技术溢出的成本，为相邻地区提供了足够的机会去学习科技含量高的发明专利技术，从而促进了所有地区的经济高质量发展。

表 8-10　技术创新驱动对经济高质量发展的空间溢出效应分解

效应类别	变量	发明专利创新产出			变量	实用外观创新产出		
		W_1	W_2	W_3		W_1	W_2	W_3
直接效应	Inv	0.007 ***	0.006 ***	0.005 ***	U&A	0.017 ***	0.016 ***	0.013 ***
		(0.000)	(0.000)	(0.000)		(0.001)	(0.001)	(0.001)
	Hum	−0.005 ***	−0.004 ***	−0.004 ***	Hum	−0.007 ***	−0.006 ***	−0.005 ***
		(0.001)	(0.001)	(0.001)		(0.001)	(0.001)	(0.001)
	Road	0.029 ***	0.028 ***	0.027 ***	Road	0.028 ***	0.027 ***	0.025 ***
		(0.002)	(0.002)	(0.002)		(0.002)	(0.002)	(0.002)
	Urb	0.067 ***	0.068 ***	0.067 ***	Urb	0.064 ***	0.066 ***	0.065 ***
		(0.005)	(0.005)	(0.005)		(0.005)	(0.005)	(0.005)
	Fdi	−0.537 ***	−0.583 ***	−0.482 ***	Fdi	−0.599 ***	−0.634 ***	−0.559 ***
		(0.070)	(0.070)	(0.070)		(0.069)	(0.069)	(0.069)
	Gov	−0.363 ***	−0.356 ***	−0.339 ***	Gov	−0.325 ***	−0.321 ***	−0.307 ***
		(0.016)	(0.017)	(0.017)		(0.017)	(0.017)	(0.017)
间接效应	Inv	0.054	0.029	0.011 ***	U&A	−0.042	−0.047	0.006 ***
		(0.034)	(0.030)	(0.001)		(0.033)	(0.033)	(0.002)
	Hum	−0.245 **	−0.057	−0.015 ***	Hum	−0.160 **	−0.020	−0.009 ***
		(0.101)	(0.068)	(0.003)		(0.080)	(0.062)	(0.003)
	Road	0.516 ***	0.432 ***	0.028 ***	Road	0.538 ***	0.467 ***	0.027 ***
		(0.171)	(0.149)	(0.004)		(0.173)	(0.156)	(0.004)
	Urb	0.169	0.135	0.029 **	Urb	−0.041	0.009	0.022 *
		(0.178)	(0.160)	(0.013)		(0.169)	(0.159)	(0.013)

续表

效应类别	变量	发明专利创新产出			变量	实用外观创新产出		
		W_1	W_2	W_3		W_1	W_2	W_3
间接效应	Fdi	-2.314	-2.384	-0.230*	Fdi	-2.984	-2.683	-0.281**
		(2.144)	(2.076)	(0.140)		(2.268)	(2.255)	(0.139)
	Gov	-1.287*	-1.040	-0.070**	Gov	-1.365*	-1.040	-0.091***
		(0.736)	(0.694)	(0.028)		(0.724)	(0.693)	(0.025)
总效应	Inv	0.061*	0.036	0.016***	U&A	-0.025	-0.030	0.019***
		(0.034)	(0.030)	(0.002)		(0.033)	(0.033)	(0.002)
	Hum	-0.251**	-0.061	-0.019***	Hum	-0.168**	-0.026	-0.015***
		(0.102)	(0.068)	(0.003)		(0.081)	(0.062)	(0.003)
	Road	0.546***	0.461***	0.055***	Road	0.567***	0.494***	0.052***
		(0.171)	(0.149)	(0.005)		(0.173)	(0.157)	(0.005)
	Urb	0.236	0.204	0.097***	Urb	0.0233	0.075	0.088***
		(0.178)	(0.160)	(0.014)		(0.169)	(0.159)	(0.014)
	Fdi	-2.850	-2.966	-0.712***	Fdi	-3.583	-3.317	-0.840***
		(2.139)	(2.070)	(0.143)		(2.264)	(2.251)	(0.142)
	Gov	-1.650**	-1.395**	-0.410***	Gov	-1.691**	-1.361**	-0.398***
		(0.735)	(0.693)	(0.031)		(0.723)	(0.692)	(0.029)

注：括号内代表稳健标准差，***、**、*分别代表在1%、5%、10%的水平上显著。

第五节　本章小结

本章在传统经济分析中加入了空间因素，基于2005~2018年中国286个地级及以上城市的面板数据，采用三种空间权重矩阵构建了空间杜宾模型，探讨了经济高质量发展以及要素丰裕程度、服务业结构变迁、技术创新驱动的空间相关性，实证分析了高速铁路影响下的经济高质量发展空间溢出效应。主要结论如下：

第一，测算了2005~2018年中国286个地级及以上城市经济高质量发展的空间相关性水平 Moran's I 值，结果表明2005~2018年中国经济高质量发展的 Moran's I 指数为正，说明中国经济高质量发展存在较为稳定的显著空间正相关性，意味着我国经济高质量发展在空间上的分布并非是随机的，而是存在着空间依赖性。Moran's I 值在高速铁路时间距离空间权重矩阵和普铁时间距离空间权重矩阵下呈现波动上升趋势，在 0-1 相邻空间权重矩阵下 Moran's I 值呈现波动下降趋势，这说明高速铁路开通增强了经济高质量发展的空间相关性。要素丰裕程度、服务业结构变迁和技术创新驱动的 Moran's I 值为正，具有明显的"空间协同"特征，存在较为稳定的空间正相关性。

第二，空间杜宾模型测算结果表明，经济高质量发展的空间自回归系数 ρ 在三种空间权重下均为正值，并且通过了 1% 水平上的显著性检验，这说明高速铁路影响下的经济高质量发展存在显著的正向空间溢出效应，在高速铁路背景下要素丰裕程度、服务业结构变迁和技术创新驱动对经济高质量发展的影响在很大程度上高于普铁时间距离空间权重和 0-1 相邻空间权重的影响，与不考虑空间溢出效应的模型相比，空间杜宾模型估计结果均小于第七章要素丰裕程度、服务业结构变迁和技术创新驱动对经济高质量发展的影响系数，这说明如果不考虑空间因素，会高估这些因素对经济高质量发展的作用。

第三，空间效应分解结果表明，在高速铁路影响下，资本要素和劳动力要素对经济高质量发展的直接效应、间接效应和总效应均显著为正，说明要素丰裕程度对本地区的经济高质量发展具有明显促进作用，对相邻地区产生正向空间外部效应，促进了所有地区经济高质量发展水平的提升。生产性服务业结构变迁和高端服务业结构变迁对经济高质量发展的直接效应、间接效应和总效应均显著为正，说明服务业结构变迁推动了本地区、相邻地区和所有地区经济高质量发展。发明专利授权数和实用外观授权数对经济高质量发展的直接效应显著为正，说明技术创新驱动对本地区的经济高质量发展具有明显的促进作用。

第九章 研究结论、政策建议与研究展望

第一节 研究结论

本书梳理了关于经济发展的相关理论和关于高速铁路与经济问题的相关文献，并对高速铁路和经济高质量发展进行概况分析，界定了两者的概念，并阐述了世界高速铁路、中国高速铁路和经济高质量发展的相关历程。本书基于新经济地理理论构建了包含高速铁路变量的经济增长模型，分析高速铁路对经济增长的影响及其空间溢出效应。结合相关理论从要素丰裕程度、服务业结构变迁和技术创新驱动三个视角阐述了高速铁路影响经济高质量发展的传导机制。构建了经济高质量发展指标体系并测算了经济高质量发展指数，利用 2005~2018 年地级及以上城市的面板数据实证分析了高速铁路开通对经济高质量发展的影响及其传导机制，并研究了高速铁路影响下的中国经济高质量发展空间溢出效应，得到以下主要结论：

第一，结合中国经济高质量发展的指导思想与理念，本书立足新时代背景，在创新、协调、绿色、开放、共享的新发展理念引领下，构建了经济高质量发展指标体系，本书采用 Färe-Primont 指数测算了 2005~2018 年中国经济高质量发展指数及其分解指数，经济高质量发展指数呈现波动上升趋势，表明中国经济高质量发展取得了重大阶段性成果，这说明有效推动了经济发展质量变革、效率变革、动力变革，提高了全要素生产率。从不同区域层面来看，东部地区、中部地区、西部地区经济发展呈现波动增长趋势，历年来东部地区的经济高质量发展水平均高于中部地区和西部地区。从不同规模城市层面来看，大城市、中等城市和小城市呈现波动上升趋势，历年来大城市经济高质量发展水平高于中等城市和小城市。从代表性城市来看，在直辖市和计划单列市中，重庆的经济高质量发展水平进步显著；在省会城市中，随着经济发展由高速增长向高质量发展转变，经济发展水平较高的省会城市由集聚在东部地区转变为均衡地分布在东部和中部两个地区；在沿海城市和内陆城市中，沿海城市产业比较优势逐渐向内陆城市转移，促使我国内陆城市的经济质量得到极大的发展。

第二，以高速铁路开通作为准自然实验，运用双重差分法实证检验了高速铁路对经济高质量发展的影响。从全国层面来看，高速铁路开通对经济高质量发展具有显著的促进作用，这是因为高速铁路开通能够使沿线城市联系更加紧密，有助于实现区域经济一体化发展，进而推动经济高质量发展。进一步研究高速铁路开通对不同地区、不同规模城市、不同类型城市经济高质量发展的异质性影响，从不同地区来看，高速铁路开通对相对发达的东部地区和相对不发达的中部、西部地区经济高质量发展均产生了显著的正向效应，高速铁路开通对东部地区经济高质量发展的影响大于中部地区和西部地区；从不同规模城市来看，高速铁路开通对大城市、中等城市、小城市的经济高质量发展均产生了显著的正向效应，大城市的经济高质量发展受高速铁路开通的影响更大；从不同类型城市来看，高速铁路开通促进了中心城市、非中心城市、沿海城市和内陆城市的经济高质量发展，高速铁路开通对中心城市的经济影响程度大于非中心城市，对沿海城市的经济影响程度大于内陆城市。

第三，构建了中介效应模型，以要素丰裕程度、服务业结构变迁和技术创新驱动作为中介变量，分别就高速铁路开通影响经济高质量发展的三个传导机制进行实证检验。高速铁路依托其较高水平的技术进步形成了要素重组效应、区位强化效应和知识溢出效应，提高了要素丰裕程度、推动了服务业结构变迁、增加了技术创新的产出，进而推动了经济高质量发展。具体而言，要素丰裕程度的提高是因为高速铁路开通加快了资本、劳动力等生产要素的跨区域流动，实现了要素资源合理配置，从而产生了更多的经济效益。服务业结构的变迁是因为高速铁路开通降低了交易成本，扩大了市场范围，引导资金和技术流向高端服务业，通过产业结构高度化升级促进地区经济增长。技术创新产出的增加是因为高速铁路开通促进了知识和技术的扩散和溢出，进而提高了科技创新水平，促进了经济实现经济高质量发展。结果表明资本要素、劳动力要素、高端服务业结构变迁、发明专利授权数和实用外观授权数在高速铁路开通对经济高质量发展的影响过程中存在中介效应。

第四，采用三种空间权重矩阵构建了空间杜宾模型，实证检验了高速铁路影响下的经济高质量发展存在空间溢出效应。运用 ESDA 方法测算得出中国经济高质量发展、要素丰裕程度、服务业结构变迁和技术创新驱动的 Moran's I 指数均显著为正，这表明这四个变量存在较为稳定的空间正相关性，意味着我国经济高质量发展在空间上的分布并非是随机的，而是存在着空间依赖性。空间杜宾模型测算结果表明，经济高质量发展的空间自回归系数 ρ 在高铁时间距离空间权重下为正值，通过了1%水平上的显著性检验，这说明在高速铁路产生的"时空压缩效应"下，城市间的联系更加紧密，列车提速打破了城市之间的空间壁垒，强化了经济高质量发展的空间溢出效应。空间效应分解结果表明，要素丰裕程度对经济高质量发展的直接效应、间接效应和总效应均显著为正，说明要素丰裕程度促进了本地区、相邻地区和所有地区经济高质量发展；服务业结构变迁对经济高质量发展的直接效应、间接效应和总效应均显著为正，说明了服务业结构变迁促进了本地区、相邻地区和所有地区经济高质量发展；技术创新驱动的直接效应显著为正，说明技术创新驱动促进了本地区经济高质量发展，这说明由于高速铁路产生了"时空压缩效应"，从而使要素丰裕程度、服务业结构变迁和技术创新驱动推动中国经济高质量发展。

第二节　政策建议

一、增强技术创新驱动能力

（一）加大创新要素投入力度

高速铁路开通能够促进创新要素在更宽领域、更广范围内传播与扩散，创新要素是技术创新的基础支撑和条件保障，因此加大投入创新要素能够推动我国创新能力不断提升，并通过加大科研经费投入、加强科技基础设施建设和完善制度等方面促进技术创新。在科研经费方面，增加研发投入将有助于增强研发实力，进而提升创新驱动能力；在科技基础设施方面，加强国家重点实验室建设，这是因为国家重点实验室是重要科技创新基地，不仅能够聚集和培养大量的优秀科技人才，还能够开展高水平学术交流；在制度环境方面，要加大科技体制革新力度，鼓励高新技术的研发和产业化，支持产业创新，并营造良好的产业创新生态。

（二）提高科学研究能力

国家创新体系主要包括以高等学校和科研机构为主体的知识创新体系和以企业为主体的技术创新体系。首先，高校承担了技术创新驱动发展的使命，对提升国家科研力量起着关键作用，并能够实现知识创新、提升科学研究能力、推动技术创新驱动发展。政府可以适当提高科学教育占财政支出的比重和基础研究的经费利用率。其次，科研机构作为我国科技创新的重要推动者，直接影响着我国的创新发展。政府需要推进专项引导基金等相关政策制度，使科研机构在技术创新中获得更多的支持，从而提升科研机构的创新能力。最后，企业要加强与高校和科研机构的合作，积极推动创新平台建设，承担技术转移和成果转化的风险，为高等院校和科研院所的成果转化提供保障，这有利于加速科技成果产业化进程。

（三）完善科技创新成果转化制度

知识溢出效应是高速铁路开通推动技术创新的重要途径，在高速铁路背景下，各地区应构建合理的知识溢出机制，将知识溢出效应充分发挥出来，并完善技术创新成果保护制度。2016年2月，国务院印发《实施〈中华人民共和国促进科技成果转化法〉若干规定》，有效地保障了科技成果的转化，充分释放科研人员内在驱动力和主观能动性，同时激励创新主体积极投入到科技创新中，保证了创新成果数量的增长和质量的提升，着力推进经济提质增效升级。因此，完善科技创新成果转化制度体系是实现以创新驱动推动经济高质量发展的关键环节。

二、推动现代化产业快速发展

（一）培育特色优势产业

增加高速铁路的区域福利，充分利用高速铁路开通带来的空间区位优势和人才集聚红利，培育具有特色的可持续性优势产业，因地制宜实施差别化的投资政策和产业政策，从而激发不同地区发展的内生动力。在民族地区，可以发展有特色的现代农牧业，加强特色农产品深加工基地建设；在边境地区，提高对外开放程度、深化与周边合作、支持边境贸易和培育沿边特色产业；在长三角地区，发展电子信息、现代物流和科技服务等产业并建设具有地方特色的产业集群，扩大产业规模和促进产业结构升级。同时，积极推动东部地区已失去比较优势的产业向民族地区的有序转移，提升民族地区承接产业转移能力，打造民族地区的产业化示范基地和龙头企业。围绕高速铁路城市培育特色优势产业是提高地区福利的重要举措。

（二）促进高附加值产业发展

应根据不同区域和城市的产业特色，逐步加大交通基础设施梯度建设力度，强化城市之间的联系强度，充分发挥不同运输方式的优势，满足经济发展对交通运输的需求。利用高速铁路开通带来的空间区位优势推动东部地区产业梯度转移，提升中部地区产业结构层次，辐射带动西部地区发展，发挥以协同集聚推动资源配置的纵深辐射作用，提升整体产业协同集聚质量，推动经济高质量发展。对于大城市，应以服务功能为主，利用人力资本和市场潜能等优势，鼓励高端制造业和现代服务业的发展，提升生产性服务业多样化水平发展；对于中等城市和小城市，应以生产功能为主，利用成熟的生产技术标准化重视对特定生产服务的培育和扶持，提高生产性服务业的专业化水平。

(三) 推进高新技术产业发展

高速铁路建设应与地区发展相适应，应因地制宜制定高速铁路建设策略。中央需要加大对西部地区的高速铁路建设投资，以完成西部地区与东中部地区的交通对接，从而加强地区之间资源流动和成果共享。高新技术产业属于知识密集型和技术密集型产业，高速铁路建设能够促使新知识和新信息的传播，加速知识和技术的空间溢出，而高铁开通有利于西部地区和东北地区高新技术企业的培育和发展，从而带动高新技术产业均衡发展，形成优势互补、协调联动的经济空间格局。要根据经济高质量发展的要求，不断加大高新技术研发投入，促进跨区域联合创新，鼓励中小企业向高新技术企业转型，提高高新技术产业水平，进而推动各个地区的高新技术企业实现差异化发展，实现地区间经济高质量协同发展。

三、提高资源空间配置效率

(一) 加强区域合作

密集的交通网络有利于加强区域之间的经济联系，促使中心区域的知识、信息和技术不断地向外围区域辐射，在形成知识溢出效应之后不断加强中心区域和外围区域的联系以实现各区域之间优势互补，从而缩小区域之间的经济差距，为区域经济增长提供新的支撑点，促使区域经济一体化形成。"四纵四横"高速铁路干线打通了南北东西的大通道，带动了高速铁路沿线城市旅游、房地产、金融和物流的发展，高速铁路与其他交通工具相比能够强化城市间经济连通性，这对于实现经济高质量发展起到了至关重要的作用。经济基础雄厚的中心城市要借助高速铁路的线路形成聚集点，凭借资源优势提高空间配置效率，实现产业结构高度化，从而保持其经济领先水平；经济基础薄弱的未开通高速铁路的城市应主动接驳高速铁路沿线城市，积极向这些城市靠拢，学习先进的技术和经验以减少跨区域空间尺度的不利影响，实现产业协作分工，重塑城市空间布局。

(二) 提升人才集聚

完善的交通基础设施能够将各个区域的中心城市连接起来，不断扩大辐射范围，并有利于高素质人才在城市之间快速流动、科技创新与创业相连接，扩大市场规模以实现产业分工，促进区域经济的发展。首先，应构建灵活的高层次人才引进平台，不断改革人才引进的体制机制，持续加大引进高层次人才的力度，并建立一支科研能力强、素质优良、知识丰富的高端人才队伍。其次，应提高高层次人才待遇并改善其工作环境，为其提供良好的基础保障，提升人才集聚能力。

最后，应优化高端人才的培养模式，加强企业与高等院校合作，鼓励高层次人才带着科研成果到企业就职，培养出更多符合企业发展要求的管理人才。

（三）优化资本配置

政府应合理引导地区资本要素资源的合理配置。高速铁路开通提高了城市可达性，加强了城市之间的空间经济联系程度，有利于要素资源实现跨地区流通。但是，中心城市利用自身的区位优势吸引资本要素流入，容易形成极化效应，导致边缘城市的信息流、技术流、资金流向中心城市转移，使各个城市之间呈现梯度落差趋势，进一步加剧了地区间的非平衡化发展。因此，国家应对高速铁路非枢纽的中小城市予以更多的政策倾斜，为中小城市创造良好的营商环境，提升承接产业转移能力。地方政府应结合自身产业发展优势出台相关政策，从而对要素资源进行适当引流，解决资源有效供给不足的弊端，有效缓解区域发展不平衡和不协调等问题。

第三节　研究展望

一是拓宽高铁城市的研究范围。由于我国幅员辽阔，不同地区的经济发展水平和自然条件存在差异，因此高速铁路开通对不同地理区位的经济高质量发展存在异质性影响。本书样本城市为 286 个地级市，在第六章中分别将样本城市划分为大中小城市、中心城市、非中心城市、沿海城市和内陆城市。首先，在未来的研究中可以进一步划分地级市等级，将其细分为一线至五线城市研究高速铁路的经济效应；其次，扩展原有研究的研究范围，高速铁路开通提升了城市之间的便捷性，同时也会影响到沿线小县城的发展，与地级市相比，县级市的研究样本更大，因此未来考虑将研究样本扩展为县域，采用县域的数据来分析高速铁路开通对经济高质量发展的影响；最后，打破原有研究的空间尺度，以前的文献注重从分地区、分城市的空间角度来分析，但对城市群尺度上高速铁路经济效应的探讨并不多见，未来也可以研究高速铁路开通对不同城市群的经济高质量发展影响。

二是探究测度经济高质量发展的研究方法。国内外诸多学者采用了不同的方法对经济高质量发展水平进行测度，本书构建了投入产出指标体系测度了经济高质量发展水平。在今后的研究过程中，可以采用静态评价方法进行测度，例如采用均等权重法（Equal Assignment Method, EAM）、熵值赋权法（Entropy Method, EM）和主成分赋权法（Principal Component Method, PCM）；也可以采用动态评价法进行测度，例如"纵横向"拉开档次法（"Vertical and Horizontal" Scatter Degree Method, VHSD）；还可以采用静态熵值赋权法和动态"纵横向"拉开档次法相结合的方法，例如构建"VHSD-EM"模型进行评价。在以后的研究中，笔者将基于国内大循环为主体、国内国际双循环的经济发展新格局，更加全面地构建经济高质量发展指标体系，并采用静态和动态相结合的方法对指标体系进行评价。

三是从中观、微观视角研究高速铁路经济效应。在经济发展新时代的背景下，本书从宏观视角研究了高速铁路开通对经济高质量发展的影响和作用机制，采用286个地级市的宏观面板数据进行了实证检验。高速铁路投资规模大、产业链长，并且涵盖众多高精尖技术，如电源电力、材料、建筑、信息及控制、精密制造、高精度土木工程等，高速铁路不仅可拉动高精技术产业的发展以及相关制造业的发展，同时也带动了旅游业、房地产业、住宿餐饮业、零售业等相关服务业的发展，在未来研究中可以从中观视角进一步研究高速铁路开通对产业的影响。由于高速铁路开通降低了企业之间的交易成本和合作成本，加强了企业之间的联系，通过人口流动、知识溢出和技术传播等路径影响工业企业的行为，进而在一定程度上影响企业的管理效率和全要素生产率水平，在未来研究中可以进一步分析高速铁路开通对工业、企业的影响。

四是深入研究传导机制三个中介变量之间的联系。本书研究了高速铁路影响经济高质量发展的作用机制，认为高速铁路通过要素丰裕程度、服务业结构变迁和技术创新驱动影响经济高质量发展，三者之间的关系为平行结构，并没有深入探讨三者的关系，在未来的研究中可以详细地分析三者之间是如何互相作用和联系的。

参考文献

［1］Mei L，Chen Z. The Convergence Analysis of Regional Growth Differences in China：The Perspective of the Quality of Economic Growth ［J］. Journal of Service Science and Management，2016，9（6）：453-476.

［2］任保平. 新时代中国经济从高速增长转向高质量发展：理论阐释与实践取向 ［J］. 学术月刊，2018，50（3）：66-74.

［3］赵剑波，史丹，邓洲. 高质量发展的内涵研究 ［J］. 经济与管理研究，2019，40（11）：15-31.

［4］陈景华，陈姚，陈敏敏. 中国经济高质量发展水平、区域差异及分布动态演进 ［J］. 数量经济技术经济研究，2020，37（12）：108-126.

［5］亚当·斯密. 国富论——国家财富的性质和起因的研究 ［M］. 谢祖钧，孟晋，盛之，译. 长沙：中南大学出版社，2003：19-24.

［6］大卫·李嘉图. 政治经济学及赋税原理 ［M］. 丰俊功，译. 北京：光明日报出版社，2009：67-90.

［7］约翰·冯·杜能. 孤立国同农业和国民经济的关系 ［M］. 吴衡康，译. 北京：商务印书馆，1986：189-190.

［8］阿尔弗雷德·韦伯. 工业区位论 ［M］. 李刚剑，陈志人，张英保，译. 北京：商务印书馆，1997：31-46.

［9］沃尔特·克里斯塔勒. 德国南部中心地原理 ［M］. 常正文，等，译. 北京：商务印书馆，1998：55.

［10］奥古斯特·勒施. 经济空间秩序——经济财货与地理间的关系 ［M］. 王守礼，译. 北京：商务印书馆，1995：116-127.

［11］Harrod R F. Scope and Method of Economics ［J］. The Economic Journal，1938，48（191）：383-412.

［12］Domar E D. Capital Expansion，Rate of Growth，and Employment ［J］. Econometrica，1946，14（2）：137-147.

［13］Solow R M. A Contribution to the Theory of Economic Growth ［J］. The Quarterly Journal of Economics，1956，70（1）：65-94.

［14］ Swan T W. Economic Growth and Capital Accumulation ［J］. Economic Record, 1956, 32 (2): 334-361.

［15］ Romer P M. Increasing Returns and Long-Run Growth ［J］. Journal of Political Economy, 1986, 94 (5): 1002-1037.

［16］ Lucas R E. On the Mechanics of Economic Development ［J］. Journal of Monetary Economics, 1988, 22 (1): 3-42.

［17］ Krugman P. Increasing Returns and Economic Geography ［J］. Journal of Political Economy, 1991, 99 (3): 483-499.

［18］ Fujita M, Krugman P R, Venables A J. The Spatial Economy: Cities, Regions and International Trade ［M］. Cambridge: MIT Press, 1999.

［19］ Baldwin R E, Forslid R. The Core - Periphery Model and Endogenous Growth: Stabilizing and Destabilizing Integration ［J］. Economica, 2000, 67 (267): 307-324.

［20］ Ottaviano G, Tabuchi T, Thisse J F. Agglomeration and Trade Revisited ［J］. International Economic Review, 2002, 43 (2): 409-435.

［21］ Vickerman R W. Accessibility, Attraction, and Potential: A Review of Some Concepts and Their Use in Determining Mobility ［J］. Environment and Planning A, 1974, 6 (6): 675-691.

［22］ Vickerman R W. The Regional Impacts of Traps-European Networks ［J］. The Annals of Regional Science, 1995, 29 (2): 237-254.

［23］ Vickerman R W, Spiekermann K, Michael W. Accessibility and Economic Development in Europe ［J］. Regional Studies, 1999, 33 (1): 1-15.

［24］ Gutiérrez J, Condeço-Melhorado A, Martín J C. Using Accessibility Indicators and GIS to Assess Spatial Spillovers of Transport Infrastructure Investment ［J］. Journal of Transport Geography, 2010, 18 (1): 141-152.

［25］ Gutiérrez J, González R, Gómez G. The European High-Speed Train Network: Predicted Effects on Accessibility Patterns ［J］. Journal of Transport Geography, 1996, 4 (4): 227-238.

［26］ Gutiérrez J, Monzón A, Piñero J M. Accessibility, Network Efficiency, and Transport Infrastructure Planning ［J］. Environment and Planning A, 1998, 30 (8): 1337-1350.

［27］ Blum U, Haynes K E, Karlsson C. Introduction to the Special Issue the Regional and Urban Effects of High-Speed Trains ［J］. The Annals of Regional Science,

1997, 31（1）: 1-20.

［28］Nakamura H, Ueda T. The Impacts of the Shinkansen on Regional Development ［C］. The Fifth World Conference on Transport Research, Yokohama, 1989.

［29］Chen C L, Hall P. The Impacts of High-Speed Trains on British Economic Geography: A Study of the UK's InterCity 125/225 and its Effects ［J］. Journal of Transport Geography, 2011, 19（4）: 689-704.

［30］Ahlfeldt G M, Feddersen A. From Periphery to Core: Measuring Agglomeration Effects using High-Speed Rail ［J］. Journal of Economic Geography, 2018, 18（2）: 355-390.

［31］董艳梅, 朱英明. 高铁建设能否重塑中国的经济空间布局——基于就业、工资和经济增长的区域异质性视角 ［J］. 中国工业经济, 2016（10）: 92-108.

［32］刘勇政, 李岩. 中国的高速铁路建设与城市经济增长 ［J］. 金融研究, 2017（11）: 18-33.

［33］王垚, 年猛. 高速铁路带动了区域经济发展吗? ［J］. 上海经济研究, 2014（2）: 82-91.

［34］Qin Y. "No County Left behind?" The Distributional Impact of High-Speed Rail Upgrades in China ［J］. Journal of Economic Geography, 2017, 17（3）: 489-520.

［35］颜银根, 倪鹏飞, 刘学良. 高铁开通、地区特定要素与边缘地区的发展 ［J］. 中国工业经济, 2020（8）: 118-136.

［36］Coto-Millán P, Inglada V, Rey B. Effects of Network Economies in High-Speed Rail: The Spanish Case ［J］. The Annals of Regional Science, 2007（41）: 911-925.

［37］Hall P. Magic Carpets and Seamless Webs: Opportunities and Constraints for High-Speed Trains in Europe ［J］. Built Environment, 2009, 35（1）: 59-69.

［38］Vaturi A, Portnov B A, Gradus Y. Train Access and Financial Performance of Local Authorities: Greater Tel Aviv as a Case Study ［J］. Journal of Transport Geography, 2011, 19（2）: 224-234.

［39］Gutiérrez J. Location, Economic Potential and Daily Accessibility: An Analysis of the Accessibility Impact of the High-Speed Line Madrid-Barcelona-French Border ［J］. Journal of Transport Geography, 2001, 9（4）: 229-242.

［40］Cantos P, Gumbau-Albert M, Maudos J. Transport Infrastructures,

Spillover Effects and Regional Growth：Evidence of the Spanish Case ［J］. Transport Reviews，2003，25（1）：25-50.

［41］Faber B. Trade Integration，Market Size，and Industrialization：Evidence from China's National Trunk Highway System ［J］. Review of Economic Studies，2014，81（3）：1046-1070.

［42］李红昌，Linda Tjia，胡顺香. 中国高速铁路对沿线城市经济集聚与均等化的影响 ［J］. 数量经济技术经济研究，2016，33（11）：127-143.

［43］陈丰龙，徐康宁，王美昌. 高铁发展与城乡居民收入差距：来自中国城市的证据 ［J］. 经济评论，2018（2）：59-73.

［44］姚博，汪红驹. 高铁、市场整合与区域高质量发展 ［J］. 产业经济研究，2020（6）：1-14.

［45］张克中，陶东杰. 交通基础设施的经济分布效应——来自高铁开通的证据 ［J］. 经济学动态，2016（6）：62-73.

［46］卞元超，吴利华，白俊红. 高铁开通、要素流动与区域经济差距 ［J］. 财贸经济，2018，39（6）：147-161.

［47］王赟赟. 高速铁路发展对中国区域空间格局的影响研究 ［D］. 上海交通大学博士学位论文，2018.

［48］王雨飞，倪鹏飞. 高速铁路影响下的经济增长溢出与区域空间优化 ［J］. 中国工业经济，2016（2）：21-36.

［49］俞路，赵佳敏. 京沪高铁对沿线城市地区间溢出效应的研究——基于2005~2013年地级市面板数据 ［J］. 世界地理研究，2019，28（1）：47-57.

［50］孙学涛，李岩，王振华. 高铁建设与城市经济发展：产业异质性与空间溢出效应 ［J］. 山西财经大学学报，2020，42（2）：58-71.

［51］宋冬林，姚常成. 高铁运营与经济协调会合作机制是否打破了城市群市场分割——来自长三角城市群的经验证据 ［J］. 经济理论与经济管理，2019（2）：4-14.

［52］李彦，付文宇，王鹏. 高铁服务供给对城市群经济高质量发展的影响——基于多重中介效应的检验 ［J］. 经济与管理研究，2020，41（9）：62-77.

［53］年猛. 交通基础设施、经济增长与空间均等化——基于中国高速铁路的自然实验 ［J］. 财贸经济，2019，40（8）：146-161.

［54］陈俪锦，欧国立. 高速铁路、空间溢出与区域经济增长——基于101个县级高铁站的城市空间面板数据分析 ［J］. 郑州大学学报（哲学社会科学版），2019，52（1）：65-70.

[55] Kim E J. HOT Lanes: An Evolution of Costs, Benefits and Performance [Z]. University of California Transportation Center, Working Papers, 2000.

[56] Shao S, Tian Z H, Yang L L. High Speed Rail and Urban Service Industry Agglomeration: Evidence from China's Yangtze River Delta Region [J]. Journal of Transport Geography, 2017 (64): 174-183.

[57] 宣烨, 陆静, 余泳泽. 高铁开通对高端服务业空间集聚的影响 [J]. 财贸经济, 2019, 40 (9): 117-131.

[58] 王丽, 曹有挥, 仇方道. 高铁开通前后站区产业空间格局变动及驱动机制——以沪宁城际南京站为例 [J]. 地理科学, 2017, 37 (1): 19-27.

[59] 蒋华雄, 孟晓晨. 高速铁路对中国城市产业市场潜力的影响研究 [J]. 现代城市研究, 2017 (11): 108-114.

[60] 朱文涛, 顾乃华, 谭周令. 高铁建设对中间站点城市服务业就业的影响——基于地区和行业异质性视角 [J]. 当代财经, 2018 (7): 3-13.

[61] 李雪松, 孙博文. 高铁开通促进了地区制造业集聚吗？——基于京广高铁的准自然试验研究 [J]. 中国软科学, 2017 (7): 81-90.

[62] 卢福财, 詹先志. 高速铁路对沿线城市工业集聚的影响研究——基于中部城市面板数据的实证分析 [J]. 当代财经, 2017 (11): 88-99.

[63] 朱文涛. 高铁服务供给对省域制造业空间集聚的影响研究 [J]. 产业经济研究, 2019 (3): 27-39.

[64] 张书明, 王晓文, 王树恩. 高速铁路对制造业区位选择及产业结构的影响——以日本高速铁路为例 [J]. 山东建筑大学学报, 2012, 27 (6): 551-554+559.

[65] 刘亚洲, 李祥妹, 王君. 沪宁高铁沿线制造业产业发展优势空间分异研究 [J]. 华东经济管理, 2013, 27 (7): 67-71.

[66] 乔彬, 张蕊, 雷春. 高铁效应、生产性服务业集聚与制造业升级 [J]. 经济评论, 2019 (6): 80-96.

[67] Masson S, Petiot R. Can the High Speed Rail Reinforce Tourism Attractiveness? The Case of the High Speed Rail between Perpignan (France) and Barcelona (Spain) [J]. Technovation, 2009, 29 (9): 611-617.

[68] Ureña J M, Menerault P, Garmendia M. The High-Speed Rail Challenge for Big Intermediate Cities: A National, Regional and Local Perspective [J]. Cites, 2009, 26 (5): 266-279.

[69] 魏丽, 卜伟, 王梓利. 高速铁路开通促进旅游产业效率提升了

吗？——基于中国省级层面的实证分析 [J]. 经济管理，2018，40（7）：72-90.

[70] 曾玉华，陈俊. 高铁开通对站点城市旅游发展的异质性影响——基于双重差分方法的研究 [J]. 旅游科学，2018，32（6）：79-92.

[71] 辛大楞，李建萍. 高铁开通与地区旅游业发展——基于中国 287 个地级及以上城市的实证研究 [J]. 山西财经大学学报，2019，41（6）：57-66.

[72] Debrezion G，Pels E，Rietveld P. The Impact of Rail Transport on Real Estate Prices：An Empirical Analysis of the Dutch Housing Market [J]. Urban Studies，2011，48（5）：997-1015.

[73] 张铭洪，张清源，梁若冰. 高铁对城市房价的非线性及异质性影响研究 [J]. 当代财经，2017（9）：3-13.

[74] 刘晓欣，张辉，程远. 高铁开通对城市房地产价格的影响——基于双重差分模型的研究 [J]. 经济问题探索，2018（8）：28-38.

[75] 杨秀云，赵勐，安磊. 高铁开通对中国城市房价的影响研究 [J]. 西安交通大学学报（社会科学版），2019，39（2）：20-32.

[76] 杨汝岱. 中国制造业企业全要素生产率研究 [J]. 经济研究，2015，50（2）：61-74.

[77] 张梦婷，俞峰，钟昌标，林发勤. 高铁网络、市场准入与企业生产率 [J]. 中国工业经济，2018（5）：137-156.

[78] 黄凯南，孙广召. 高铁开通如何影响企业全要素生产率？——基于中国制造业上市企业的研究 [J]. 中国地质大学学报（社会科学版），2019，19（1）：144-157.

[79] 邹薇，陈亮恒. 高速铁路开通对企业生产率的影响：传导机制与实证检验 [J]. 武汉大学学报（哲学社会科学版），2020，73（1）：102-119.

[80] 谭建华，丁红燕，谭志东. 高铁开通与企业创新——基于高铁开通的准自然实验 [J]. 山西财经大学学报，2019，41（3）：60-70.

[81] 诸竹君，黄先海，王煌. 交通基础设施改善促进了企业创新吗？——基于高铁开通的准自然实验 [J]. 金融研究，2019（11）：153-169.

[82] 郭进，白俊红. 高速铁路建设如何带动企业的创新发展——基于 Face-to-Face 理论的实证检验 [J]. 经济理论与经济管理，2019（5）：60-74.

[83] 杨鸣京. 高铁开通对企业创新的影响研究 [D]. 北京交通大学博士学位论文，2019.

[84] Petersen M A，Rajan R G. Does Distance Still Matter？The Information Revolution in Small Business Lending [J]. The Journal of Finance，2002，57（6）：

2533-2570.

[85] Loughran T. The Impact of Firm Location on Equity Issuance [J]. Financial Management, 2008, 37 (1): 1-21.

[86] 龙玉, 赵海龙, 张新德, 李曜. 时空压缩下的风险投资——高铁通车与风险投资区域变化 [J]. 经济研究, 2017, 52 (4): 195-208.

[87] 董建卫. 高铁开通与风险资本投资的企业创新 [J]. 现代经济探讨, 2019 (8): 94-104.

[88] 文雯, 黄雨婷, 宋建波. 交通基础设施建设改善了企业投资效率吗? ——基于中国高铁开通的准自然实验 [J]. 中南财经政法大学学报, 2019 (2): 42-52.

[89] 刘志彪. 理解高质量发展: 基本特征、支撑要素与当前重点问题 [J]. 学术月刊, 2018, 50 (7): 39-45+59.

[90] 高培勇. 理解、把握和推动经济高质量发展 [J]. 经济学动态, 2019 (8): 3-9.

[91] 陈诗一, 陈登科. 雾霾污染、政府治理与经济高质量发展 [J]. 经济研究, 2018, 53 (2): 20-34.

[92] 何立峰. 深化供给侧结构性改革 推动经济高质量发展 [J]. 宏观经济管理, 2020 (2): 1-3+9.

[93] 钞小静, 薛志欣. 以新经济推动中国经济高质量发展的机制与路径 [J]. 西北大学学报 (哲学社会科学版), 2020, 50 (1): 49-56.

[94] 刘志彪, 凌永辉. 结构转换、全要素生产率与高质量发展 [J]. 管理世界, 2020, 36 (7): 15-29.

[95] 林毅夫. 经济结构转型与"十四五"期间高质量发展: 基于新结构经济学视角 [J]. 兰州大学学报 (社会科学版), 2020, 48 (4): 1-8.

[96] 丁文珺. 消费结构变迁下"十四五"时期我国产业高质量发展战略研究 [J]. 当代经济管理, 2021, 43 (4): 45-53.

[97] 黄速建, 肖红军, 王欣. 论国有企业高质量发展 [J]. 中国工业经济, 2018 (10): 19-41.

[98] 侯为民. 正确认识中国经济高质量发展阶段的微观基础 [J]. 当代经济研究, 2018 (12): 2+19-25+99.

[99] 詹新宇, 崔培培. 中国省际经济增长质量的测度与评价——基于"五大发展理念"的实证分析 [J]. 财政研究, 2016 (8): 39+40-53.

[100] 魏敏, 李书昊. 新时代中国经济高质量发展水平的测度研究 [J]. 数

量经济技术经济研究，2018，35（11）：3-20.

［101］马茹，罗晖，王宏伟，王铁成. 中国区域经济高质量发展评价指标体系及测度研究［J］. 中国软科学，2019（7）：60-67.

［102］李书昊. 新时代中国经济发展方式转变的测度研究［J］. 经济学家，2019（1）：53-61.

［103］师博，张冰瑶. 全国地级以上城市经济高质量发展测度与分析［J］. 社会科学研究，2019（3）：19-27.

［104］赵涛，张智，梁上坤. 数字经济、创业活跃度与高质量发展——来自中国城市的经验证据［J］. 管理世界，2020，36（10）：65-76.

［105］任保平，李禹墨. 新时代我国高质量发展评判体系的构建及其转型路径［J］. 陕西师范大学学报（哲学社会科学版），2018，47（3）：105-113.

［106］贺晓宇，沈坤荣. 现代化经济体系、全要素生产率与高质量发展［J］. 上海经济研究，2018（6）：25-34.

［107］高培勇，杜创，刘霞辉，袁富华，汤铎铎. 高质量发展背景下的现代化经济体系建设：一个逻辑框架［J］. 经济研究，2019，54（4）：4-17.

［108］毕吉耀，原倩. 建设现代化经济体系［J］. 宏观经济管理，2018（10）：21-28+35.

［109］杜宇玮. 高质量发展视域下的产业体系重构：一个逻辑框架［J］. 现代经济探讨，2019（12）：76-84.

［110］洪银兴. 新时代的现代化和现代化经济体系［J］. 南京社会科学，2018（2）：1-6.

［111］马一德. 建设现代化经济体系关键是构建新时代技术创新体系［J］. 红旗文稿，2018（4）：23-25.

［112］张建军，赵启兰. 现代供应链体系视域下的我国经济高质量发展机理研究［J］. 当代经济管理，2019，41（8）：15-20.

［113］史丹，赵剑波，邓洲. 推动高质量发展的变革机制与政策措施［J］. 财经问题研究，2018（9）：19-27.

［114］王竹君，任保平. 中国高质量发展中效率变革的制约因素与路径分析［J］. 财经问题研究，2019（6）：25-32.

［115］茹少峰，魏博阳，刘家旗. 以效率变革为核心的我国经济高质量发展的实现路径［J］. 陕西师范大学学报（哲学社会科学版），2018，47（3）：114-125.

［116］王雄飞，李香菊. 高质量发展动力变革与财税体制改革的深化［J］.

改革，2018（6）：80-88.

　　[117] 蒲晓晔，Jarko Fidrmuc. 中国经济高质量发展的动力结构优化机理研究 [J]. 西北大学学报（哲学社会科学版），2018，48（1）：113-118.

　　[118] 金碚. 关于"高质量发展"的经济学研究 [J]. 中国工业经济，2018（4）：5-18.

　　[119] 任保平，文丰安. 新时代中国高质量发展的判断标准、决定因素与实现途径 [J]. 改革，2018（4）：5-16.

　　[120] Boarnet M G. Spillovers and the Locational Effects of Public Infrastructure [J]. Journal of Regional Science，1998，38（3）：381-400.

　　[121] 张学良. 中国交通基础设施促进了区域经济增长吗——兼论交通基础设施的空间溢出效应 [J]. 中国社会科学，2012（3）：60-77+206.

　　[122] 王振华，李萌萌，江金启. 交通可达性对城市经济高质量发展的异质性影响 [J]. 经济与管理研究，2020，41（2）：98-111.

　　[123] 郭文伟，李嘉琪. 房价泡沫抑制了经济高质量增长吗？——基于13个经济圈的经验分析 [J]. 中国软科学，2019（8）：77-91.

　　[124] Redding S J, Sturm D M. The Costs of Remoteness：Evidence from German Division and Reunification [J]. American Economic Review，2008，98（5）：1766-1797.

　　[125] 陈良文，杨开忠. 集聚与分散：新经济地理学模型与城市内部空间结构、外部规模经济效应的整合研究 [J]. 经济学（季刊），2008（1）：53-70.

　　[126] Banister D, Givoni M. High-Speed Rail in the EU27：Trends, Time, Accessibility and Principles [J]. Built Environment，2013，39（3）：324-338.

　　[127] Lin Y. Travel Costs and Urban Specialization Patterns：Evidence from China's High Speed Railway System [J]. Journal of Urban Economics，2017（98）：98-123.

　　[128] Fröidh O, Nelldal B L. Regional High-Speed Trains on the Svealand Line：Evaluation of Effects [M] // Bruinsma F, Pels E, Rietveld P, Priemus H, Wee V B. Railway Development. Heidelberg：Physica-Verlag HD，2008：295-314.

　　[129] Derudder B, Witlox F. The Impact of Progressive Liberalization on the Spatiality of Airline Networks：A Measurement Framework based on the Assessment of Hierarchical Differentiation [J]. Journal of Transport Geography，2009，17（4）：276-284.

　　[130] Pol P M J. The Economic Impact of the High-Speed Train on Urban Regions

[Z]. ERSA Conference Papers from European Regional Science Association, 2003.

[131] 刘修岩, 殷醒民, 贺小海. 市场潜能与制造业空间集聚: 基于中国地级城市面板数据的经验研究 [J]. 世界经济, 2007 (11): 56-63.

[132] Fujita M, Krugman P. When is the Economy Monocentric?: von Thünen and Chamberlin Unified [J]. Regional Science and Urban Economics, 1995, 25 (4): 505-528.

[133] Boschma R, Minondo A, Navarro M. The Emergence of New Industries at the Regional Level in Spain: A Proximity Approach Based on Product Relatedness [J]. Economic Geography, 2013, 89 (1): 29-51.

[134] Venables A J. Equilibrium Locations of Vertically Linked Industries [J]. International Economic Review, 1996, 37 (2): 341-359.

[135] Puga D. The Rise and Fall of Regional Inequalities [J]. European Economic Review, 1999, 43 (2): 303-334.

[136] Glaeser E L, Kallal H D, Scheinkman J A, Shleifer A. Growth in Cities [J]. Journal of Political Economy, 1992, 100 (6): 1126-1152.

[137] 何凌云, 陶东杰. 高铁开通对知识溢出与城市创新水平的影响测度 [J]. 数量经济技术经济研究, 2020, 37 (2): 125-142.

[138] Fritsch M, Schilder D. Does Venture Capital Investment Really Require Spatial Proximity? An Empirical Investigation [J]. Environment and Planning A: Economy and Space, 2008, 40 (9): 2114-2131.

[139] Clercq D D, Sapienza H J. The Creation of Relational Rents in Venture Capitalist-Entrepreneur Dyads [J]. Venture Capital, 2001, 3 (2): 107-127.

[140] Baranes E, Tropeano J P. Why are Technological Spillovers Spatially Bounded? A Market Orientated Approach [J]. Regional Science and Urban Economics, 2003, 33 (4): 445-466.

[141] Murata Y, Nakajima R, Okamoto R, Tamura R. Localized Knowledge Spillovers and Patent Citations: A Distance-Based Approach [J]. The Review of Economics and Statistics, 2014, 96 (5): 967-985.

[142] Kerr W R, Kominers S D. Agglomerative Forces and Cluster Shapes [J]. The Review of Economics and Statistics, 2015, 97 (4): 877-899.

[143] Wang C Q, Yi J T, Kafouros M. Under What Institutional Conditions do Business Groups Enhance Innovation Performance? [J]. Journal of Business Research, 2015, 68 (3): 694-702.

［144］Hulten C R. Total Factor Productivity：A Short Biography ［R］. NBER Working Paper, 2000.

［145］Coelli T J, Rao D S P, O'Donnell C J, Battese G E. An Introduction to Efficiency and Productivity Analysis (Second Edition) ［M］. Boston：Springer, 2005.

［146］Syverson C. What Determines Productivity ［J］. Journal of Economic Literature, 2011, 49 (2)：326-365.

［147］Zhou G G, Min H, Xu C, Cao Z Y. Evaluating the Comparative Efficiency of Chinese Third-party Logistic Providers Using Data Envelopment Analysis ［J］. International Journal of Physical Distribution & Logistics Management, 2008, 38 (4)：262-279.

［148］Markovits-Somogyi R, Bokor Z. Assessing the Logistics Efficiency of European Countries by Using the DEA-PC Methodology ［J］. Transport, 2014, 29 (2)：137-145.

［149］Chang Y T, Park H, Jeong J, Lee J. Evaluating Economic and Environmental Efficiency of Global Airlines：A SBM-DEA Approach ［J］. Transportation Research Part D：Transport and Environment, 2014, 27 (3)：46-50.

［150］Cheng H P. Technical Efficiency of Information Service Industry Based on DEA and SFA Approaches ［J］. Science of Science and Management of S. & T., 2013 (3)：84-91.

［151］周晓艳, 韩朝华. 中国各地区生产效率与全要素生产率增长率分解 (1990-2006) ［J］. 南开经济研究, 2009 (5)：26-48.

［152］王志平. 生产效率的区域特征与生产率增长的分解——基于主成分分析与随机前沿超越对数生产函数的方法 ［J］. 数量经济技术经济研究, 2010, 27 (1)：33-43+94.

［153］吴建新. 地区间要素配置效率与中国生产率增长 ［J］. 山西财经大学学报, 2012, 34 (9)：26-35.

［154］谌莹, 张捷. 碳排放、绿色全要素生产率和经济增长 ［J］. 数量经济技术经济研究, 2016, 33 (8)：47-63.

［155］茹少峰, 魏博阳. 新时代中国经济高质量发展的潜在增长率变化的生产率解释及其短期预测 ［J］. 西北大学学报 (哲学社会科学版), 2018, 48 (4)：17-26.

［156］Farrell M J. The Measurement of Productive Efficiency ［J］. Journal of the Royal Statistical Society, 1957, 120 (3)：253-290.

[157] Aigner D J, Chu S F. On Estimating the Industry Production Function [J]. American Economic Review, 1968, 58 (4): 826-839.

[158] Aigner D, Lovell C K, Schmidt P. Formulation and Estimation of Stochastic Frontier Production Function Models [J]. Journal of Econometrics, 1977, 6 (1): 21-37.

[159] Meeusen W, Broeck J V D. Efficiency Estimation from Cobb-Douglas Production Functions with Composed Error [J]. International Economic Review, 1977, 18 (2): 435-444.

[160] Battese G E, Coelli T J. Frontier Production Functions, Technical Efficiency and Panel Data: With Application to Paddy Farmers in India [J]. Journal of Productivity Analysis, 1992 (3): 153-169.

[161] Battese G E, Coelli T J. A Model for Technical Inefficiency Effects in Stochastic Frontier Production Function for Panel Data [J]. Empirical Economics, 1995 (20): 325-332.

[162] Battese G E, Corra G S. Estimation of a Production Frontier Model: with Application to the Pastoral Zone of Eastern Australia [J]. Australian Journal of Agricultural Economics, 1977, 21 (3): 169-179.

[163] Kumbhakar S C. Production Frontiers, Panel Data, and Time-varying Technical Inefficiency [J]. Journal of Econometrics, 1990, 46 (1-2): 201-211.

[164] Reifschneider D, Stevenson R. Systematic Departures from the Frontier: A Framework for the Analysis of Firm Inefficiency [J]. International Economic Review, 1991, 32 (3): 715-723.

[165] Wang H J, Schmidt P. One-Step and Two-Step Estimation of the Effects of Exogenous Variables on Technical Efficiency Levels [J]. Journal of Productivity Analysis, 2002 (18): 129-144.

[166] Charnes A, Cooper W W, Rhodes E. Measuring the Efficiency of Decision-Making Units [J]. European Journal of Operational Research, 1978, 2 (6): 429-444.

[167] Banker R D, Charnes A, Cooper W W. Some Models for Estimating Technical and Scale Inefficiencies in Data Envelopment Analysis [J]. Management Science, 1984, 30 (9): 1078-1092.

[168] Färe R, Crosskopf S, Norris M, Zhang Z Y. Productivity Growth, Technical Progress, and Efficiency Change in Industrialized Countries [J]. The American Economic Review, 1994, 84 (1): 66-83.

[169] O'Donnell C J. Nonparametric Estimates of the Components of Productivity and Profitability Change in U. S. Agriculture [J]. American Journal of Agricultural Economics, 2012, 94 (4): 873-890.

[170] Ashenfelter O, Card D. Using the Longitudinal Structure of Earnings to Estimate the Effect of Training Programs [J]. The Review of Economics and Statistics, 1985, 67 (4): 648-660.

[171] 石大千, 丁海, 卫平, 刘建江. 智慧城市建设能否降低环境污染 [J]. 中国工业经济, 2018 (6): 117-135.

[172] 温忠麟, 张雷, 侯杰泰, 刘红云. 中介效应检验程序及其应用 [J]. 心理学报, 2004 (5): 614-620.

[173] 余泳泽, 潘妍. 中国经济高速增长与服务业结构升级滞后并存之谜——基于地方经济增长目标约束视角的解释 [J]. 经济研究, 2019, 54 (3): 150-165.

[174] 李平, 刘雪燕. 市场化制度变迁对我国技术进步的影响——基于自主研发和技术引进的视角 [J]. 经济学动态, 2015 (4): 42-50.

[175] LeSage J, Pace R K. Introduction to Spatial Econometrics [M]. New York: Chapman and Hall/CRC Press, 2009.

后 记

在本书出版之际，回忆起日日夜夜在办公室伏案学习、撰写本书的一幕幕场景，感慨万千。2008 年 8 月 1 日，中国首条高速铁路正式开通运营，直至 2019 年 12 月 30 日，作为内蒙古自治区首府的呼和浩特终于迎来了高速铁路的通行，让草原儿女从首都北京回到呼和浩特的时间只需花费 2 小时 18 分钟。京张高速铁路是我国"八纵八横"高速铁路网北京至兰州通道的重要组成部分，而京张高速铁路与张呼高速铁路的全线开通使沿线人民群众出行更便利，加强了呼包鄂地区与京津冀地区的联系，对促进少数民族地区发展和区域经济社会协调发展具有十分重要的意义。本书由内蒙古大学高层次人才引进科研项目（10000－21311201/162）资助，再次感谢内蒙古大学对本书的支持。

在这里衷心感谢内蒙古大学学院领导对我的支持和信任，感谢我最可爱的父母的养育和栽培，感谢自己这一路敢于争取也敢于放弃，愿未来眼里有光，心里有海，目之所及皆是星辰大海。

张雪薇

内蒙古大学